성경공부 인도법

네비게이토 선교회는
국제적이며 복음적인 기독교 기관이다.
예수 그리스도께서는 자기를 따르는 자들에게
"너희는 가서 모든 족속으로 제자를 삼으라"
(마태복음 28:19)는 지상사명을 주셨다.
네비게이토 선교회는 세계 모든 국가에서
예수 그리스도의 일꾼들을 배가시켜
이 지상사명의 성취를 돕는 것을
근본 목표로 하고 있다.

네비게이토 출판사는
네비게이토 선교회의 문서 선교를 담당하고 있다.
본 출판사에서는 그리스도인의 영적 성장을 돕는
서적과 자료들을 출판하여,
그리스도인의 삶의 기초가 견고한
헌신된 제자로 성장하게 하고,
나아가 성숙한 인격과 지도력을 갖춘
일꾼이 되도록 돕고 있다.

성경공부 인도법

인도자를 위한 지침서

네비게이토 출판부

네비게이토 출판사
TO KNOW CHRIST AND TO MAKE HIM KNOWN

차 례

I 부

토의 인도를 위한 준비

II부

토의 기술의 향상

I 부

토의 인도를 위한 준비

당신도 그룹 토의를 인도할 수 있다

소그룹 토의의 가치

오늘날 세계 곳곳에서 주님께 헌신한 수많은 그리스도인이 소그룹 성경공부를 통해 소그룹 공부의 놀라운 효과를 입증하고 있습니다. 여기서 소그룹이라 함은 하나님을 잘 알기 위해 하나님의 말씀을 열심히 공부하고자 하는 몇몇 사람으로 이루어진 모임을 말합니다. 이 소그룹 공부를 통해 우리는 그리스도인의 생명력 있는 교제를 맛볼 수 있을 뿐 아니라 성령께서 각 사람에게 깨우쳐 주시는 하나님의 말씀을 서로 나누고 생활에 적용함으로써 영적으로 성장해 나가는 축복을 경험하게 됩니다. 의의 말씀을 적용하고 경험한 내용을 함께 나눔으로써 우리는 영적으로 새로운 세계에 눈을 뜨게 되기도 합니다.

소그룹에 대한 아이디어는 새로운 것이 아닙니다. 약 2천 년 전에도 예수 그리스도를 따르던 소수의 무리가 집에 모여 함께 하나님의 말씀을 연구하고 기도하고 교제하면서 더욱 효과적으로 복음을 전했던 사실을 알 수 있습니다. 사도행전은 이들이 소그룹 단위로 주님의 지상사명을 역동적으로 수행했던 기록이기도 합니다.

주님을 향한 순수한 열망을 갖고 영적으로 굶주림을 느끼고 있는 한 사람만 있으면 소그룹을 불붙이기에 충분합니다. 이 소그룹의 불길은 학교나 직장 또는 군대나 이웃 곳곳에 퍼져 나가 지역 사회 전반에 그리스도를 중심에 모신 제자들로 가득 차게 할 수 있습니다. 당신도 이러한 연쇄 과정을 시작할 바로 그 사람이 될 수 있습니다.

그룹 토의의 목표

이 책에 소개되는 토의 그룹에서는 참석하는 사람들 각자가 미리 성경공부를 준비해 오는 것을 전제로 하고 있습니다. 미리 준비하지 않으면 그룹의 토의는 한 개인의 공부로 바뀌어 버리거나, 서로의 무지함만 나누는 시간이 되고 맙니다. 또 미리 준비를 해 온 사람은 아무것도 새롭게 배우지 못하게 되고, 그 결과 얼마 못 가서 그룹에 참여하고픈 의욕을 잃어버리게 됩니다. 준비 없이 모인 그룹 토의에서는 개별적으로 미리 준비해야만 얻을 수 있는 유익, 즉 깊은 기도 가운데 하나님의 말씀을 개인적으로 묵상하며 적용한 것을 나눌 기회가 없게 됩니다.

그러므로 그룹 토의의 목표는 그룹에 참여한 사람들의 상호작용을 통하여 성경공부의 유익을 더욱 증대하는 데 있습니다. 성공적인 그룹 토의의 특성은 다음과 같습니다.

성공적인 그룹 토의의 특성

- 그룹 멤버들이 성경공부를 정기적으로 참석해서 끝까지 마치도록 장려해 준다.

- 다른 사람들의 생각을 접하게 되고, 공부한 내용에 대해 더 많은 생각을 해 보도록 자극함으로써, 개인적인 깨달음의 한계를 넘어서도록 해 준다.

- 개인적인 발견이나 질문, 문제점 또는 필요 등을 솔직하게 나눌 수 있는 개방적인 분위기를 만들어 낸다. 사랑하고 받아 주는 분위기는 멤버들이 서로 신뢰하게 되어 자기 생각을 스스럼없이 자유롭게 발표할 수 있게 해 준다.

- 자연스럽고 스스럼없는 분위기에서 멤버들 간에 깊이 친분을 맺을 수 있도록 적극적인 교제의 마당을 제공해 준다. 이 교제를 통해 멤버들이 서로 기도하는 법을 배우고, 다른 사람들의 짐을 나누어 지는 것을 배우게 된다.

- 성장하고 있는 그리스도인들에게 다른 사람을 영적으로 도와주는 방법을 제시해 준다. 소그룹 성경공부야말로 모든 족속으로 제자를 삼으라는 그리스도의 지상사명 성취에 기여할 수 있는 매우 강력하고도 효과적인 방법이다.

그룹 토의의 성격

그룹 토의는 한 치도 오류가 없는 어느 전문가가 자기에게 매료된 청중 앞에서 자기가 가진 지식을 과시하는 식의 강의가 아닙니다. 가르치는 일에서는 강의가 한 몫을 차지하겠지만 토의에서는 그렇지 않습니다. 멤버들이 사전에 공과 준비를 해와서 각자가 공부하면서 배운 바를 나누는 것이기 때문에 강의는 필요하지 않습니다.

그룹 토의는 지나치게 자기 생각이 강한 사람이 대화를 독점하여 벌이는 좌담도 아닙니다. 그룹 내에서 비교적 말이 적은 멤버가 자신의 의견을 발표할 기회를 얻지 못하게 될 때에는 곧 흥미를 잃게 되고 다시는 참석하지 않을지도 모릅니다. 훌륭한 토의 그룹 내의 자연스러운 상호 작용은 서로 나누고 배우며 새롭게 깨달을 수 있는 여건을 마련해 줍니다.

하나님의 말씀은 성령의 역사를 통해 사람들의 삶을 변화시킵니다. 유능한 인도자는 선생이나 권위자로서가 아니라, 사회자나 안내자로서의 역할을 해야 합니다. 그는 최종 권위는 하나님의 말씀에 있고 가르치시는 분은 바로 성령이시라는 사실을 잘 알고 있는 사람입니다. 성경 말씀은 성령께서 사용하시는 검입니다. 그러므로 인도자의 역할은 각 사람이 하나님의 말씀에 반응을 보이도록 격려하고, 성령께서 각 사람의 필요에 따라 역사하시도록 맡기며 토의를 인도하는 일입니다. 이는 주목해야 할 대상이 인도자가 아니라 성경이어야 한다는 말입니다.

그룹을 성공적으로 이끄는 요소는 무엇입니까? 다음에 확실한 조리법 하나를 소개합니다.

그룹을 성공적으로 이끄는 조리법

* 하나님의 말씀으로 시작하되 하나님을 더욱 잘 알기를 열망하는 사람과 함께 시작하라.
* 배우고자 하는 몇몇 사람을 체로 걸러 내어 고르도록 하라.
* 네비게이토 출판사에서 발행한 '그리스도인의 생활 연구' 시리즈나 '그리스도의 제자가 되는 길' 시리즈와 같은 흥미있고 균형 잡힌 성경공부 교재를 재료로 섞어 쓰라.
* 풍성하게 준비하고 기도로 흠뻑 적시라.
* 상식이라는 스푼으로 잘 저어 주라.
* 유머를 한 방울 떨어뜨리라.
* '종교적인 냄새가 나는 어투', '하라' 또는 '하지 말라' 식의 강요, 또는 지나친 감정 등을 걷어 내라.
* 용납과 순수한 개인적 관심과 사랑을 후하게 쳐서 맛을 내라.
* '설교조'와 '자기주장', '나는 그대보다 거룩해' 식의 태도를 걸러 내라.
* 성령께서 감동을 주셔서 주 예수 그리스도를 공경하고 사랑하고자 하는 마음을 불러일으켜 주시도록 하라.

그룹 토의를 할 때 이 조리법을 활용해 보십시오. 결코 너무 타 버리거나, 너무 많이 구워지거나, 맛이 시어지거나, 혹은 눋지 않게 될 것입니다.

이 책자는 토의 그룹을 인도하는 기본 원칙을 다루고 있습니다. 만일 그룹 토의를 처음으로 인도하게 되었다면, 이 책을 통해 어떻게 그룹을 모으고 또 어떻게 토의를 이끌 것인가에 대하여 단계별로 설명을 듣게 될 것입니다.

이미 인도하고 있는 그룹을 더욱 새롭게 향상하기 위해 도움을 구하고 있다면, 이 책을 통하여 기본 원리를 철저하게 검토해 볼 수 있는 기회와 더불어, 적절한 아이디어와 실제적인 제안을 얻게 될 것입니다. 이 책에서는 네비게이토 출판사에서 발행한 '그리스도의 제자가 되는 길' 시리즈의 제1권 '그리스도안의 생활'을 모델로 사용하였습니다.

토의 그룹 만들기

사람들을 그룹으로 불러 모음

영적인 모든 일에 성공하기 위해서는 기도로 시작해야 합니다. 예수님께서도 많은 무리의 영적 필요를 보시고 "추수할 것은 많되 일꾼은 적으니, 그러므로 추수하는 주인에게 청하여 추수할 일꾼들을 보내어 주소서 하라"(마태복음 9:37-38)라고 말씀하셨습니다.

당신이 토의 그룹을 시작할 수 있게 도와주시도록 매일 기도하십시오. 하나님께서 사람들을 성경공부 그룹으로 이끌어 주시고 하나가 되게 해 주시며, 당신에게 그룹을 인도하고 격려할 수 있는 능력과 지혜를 주시기를 구하십시오.

사람들을 토의 그룹에 불러 모으기 전에 어떤 형식의 성경공부를 할 것인가를 결정하십시오. 어떤 유형의 성경공부든 그 유형에 따라 적합한 교재가 많이 있습니다. 도움이 될 만한 네비게이토 교재를 몇 가지 소개해 드리겠습니다.

* 그리스도인의 확신. 하나님께서 그리스도인에게 주신 다섯 가지 기본적인 약속의 말씀을 암송하고 공부한다.

* 그리스도인의 생활 연구. 열 권으로 되어 있으며, 성숙한 그리스도인의 믿음과 생활에 필요한 기본적인 원리를 배우고 적용한다.

* 그리스도의 제자가 되는 길. 여섯 권으로 된 이 시리즈는 그리스도인으로 하여금 예수 그리스도의 제자로 성장하도록 돕는다.

일단 공부할 교재가 선정되었으면 사람들을 공부에 불러 모으십시오. 계획하고 있는 성경공부 유형에 따라서 초대해야 할 대상도 달라집니다. 이를테면 전도 성경공부에는 믿지 않는 이들을 초대해야 할 것입니다.

사람들을 초청할 때 성경공부에 대해 자세히 알려 주면 좋습니다. 즉 공부 계획, 만날 시간, 공부를 다 마치는 데 걸리는 시간이나 기간 등을 미리 말해 줍니다. 첫 번째 공부 과정은 6주를 넘지 않도록 정하는 것이 좋습니다. 일단 첫 과정을 끝내고 나서 그다음 성경공부를 계획합니다. 이웃 사람을 대상으로 성경공부 그룹을 시작하고 싶은 경우에는 먼저 몇 사람을 다과회에 초대하는 것도 한 가지 방법이 됩니다. 그 자리에서, 시작하려고 하는 성경 토의 그룹에 대해 소개하고 참여하기를 권하면 좋을 것입니다.

기숙사나 군대 내에서라면 사람들을 곧바로 첫 모임에 초대하는 것이 좋습니다. 룸메이트와 방을 같이 사용할 경우에는 반드시 그에게 협조를 구하십시오. 그것이 여의치 않을 경우에는 회의실 같은 곳에 모이는 것도 괜찮습니다.

초대할 때 주의할 점

해야 할 일

* 몇 가지든지 공통 관심사를 갖고 있는 사람들을 초대할 것. 공통된 관심사는 서로 더 나은 이해와 의사소통에 도움이 된다.
* 되도록이면 나이가 비슷한 사람들을 초대할 것.
* 당신 자신이 성경공부에 대해 적극적이고 낙관적이며 열정적이 될 것.
* 참석자들에게 매주 빠지지 말고 참석하며, 필요한 것을 빠뜨리지 않고 준비해 오도록 부탁할 것.

피해야 할 일

* 사람들에게 압박감을 주지 말 것. 열의를 가진 사람이 제일 좋은 학생이다.
* 다룰 수 있는 이상의 인원을 모으지 말 것. 함께 공부하기 좋은 인원은 최대 6명 정도가 적절하다.
* 기꺼이 당신과 함께하려고 하는 사람이 한 사람뿐이라도 낙심하지 말 것. 하나님께서는 한 사람에게 지대한 관심을 가지고 계신다.

직장에서라면 점심시간을 이용한 성경공부에 관심이 있는 사람을 찾아볼 수도 있습니다. 그런 경우에는 토의할 수 있는 시간이 대략 30분 정도라는 것을 염두에 두어야 합니다. 진도를 짧게 잡아 주어진 시간 내에 충분히 토의할 수 있도록 배려하십시오.

성경공부에 참석하겠다고 해 놓고는 오지 못하는 사람들이 종종 있습니다. 일상적으로 늘 해 오던 일이 아니라서 잊어버리기 쉽기 때문입니다. 마귀는 사람들을 하나님의 말씀에서 떼어 놓으려고 하며, 여러 가지 장애물을 놓아 주의를 흐트러뜨리려 합니다. 그러므로 하루나 이틀 전에 성경공부가 있다는 사실을 상기시켜 주면 좋습니다. 처음 두세 주일만 지나면 그렇게까지 할 필요가 없을 것입니다. 그때쯤이면 그들도 성경토의 그룹의 유익을 몸소 경험하게 될 것이기 때문입니다.

실제적인 세부 사항

여러 가지 실제적인 세부 사항이 그룹의 성공 여부에 영향을 주기도 합니다. 너무 덥거나 추운 방, 뛰어다니는 꼬마들이나 애완동물, 지루하게 끄는 성경공부 등으로 멤버들이 주의를 집중하지 못하게 됩니다. 그룹 인도자로서 당신은 다음과 같은 점에 유의해야 합니다.

편안한 분위기에서 모임을 가질 것. 포근한 거실, 가지런히 정돈되어 있는 부엌의 테이블 또는 깨끗한 기숙사 방 등은 참석자 모두에게 배우고자 하는 분위기를 만들어 줍니다. 친절한 태도와 자연스러운 교제는 진실한 마음으로 말씀을 나눌 수 있는 건설적인 분위기를 북돋아 줍니다.

자리 배치를 적절히 할 것. 둥그렇게 둘러앉는 것이 좋습니다. 서로 얼굴을 마주 보면서 토의를 할 수 있기 때문입니다. 당신 자리를 미리 정하도록 하십시오. 안락의자에 푹 파묻혀 앉지 않도록 하십시오. 모두를 바라볼 수 있도록 다른 사람들의 의자와 같은 높이이거나 조금 높은 의자에 앉는 것이 좋습니다.

조명을 적절히 유지할 것. 조명을 잘하면 방 안이 밝을 뿐만 아니라 따뜻한 느낌까지 줍니다. 태양을 마주 보거나 눈부신 창쪽을 향하는 사람이 없도록 자리를 배치하는 것이 좋습니다.

적당하게 환기할 것. 너무 덥거나 추우면 곤란합니다. 환기가 잘되고 적절한 온도와 습도를 유지하도록 하십시오.

주의를 산만하게 하는 것을 해결할 것. 애완동물, TV, 스마트폰, 음악 소리 등. 이런 것들은 주의를 산만하게 만듭니다. 아이들이 공부에 지장을 줄 것 같으면 다른 사람에게 맡기는 것이 좋습니다.

그룹을 인도해 나가다 보면 이 밖에도 다루어야 할 세부적인 사항이 많이 있을 것입니다. 가장 좋은 여건을 만들도록 최선을 다하십시오. 그러나 성경공부를 성공으로 이끄는 열쇠는 마음속에서 역사하시는 하나님이시라는 사실을 항상 명심하십시오.

그룹 공부 시작하기

첫 모임이 중요하다는 사실은 두말할 나위가 없습니다. 첫 모임에서 받은 인상이 앞으로도 계속 참석할 것인가의 여부를 결정짓는 요인이 될 수 있습니다.

이 모임은 그룹 토의를 위한 모임이라는 사실을 명심하십시오. 당신은 인도자이지 감독이 아닙니다. 겸손하고 솔직하도록 하십시오. 우월감을 갖지 말며, 계획을 세우고 이를 실행하는 방법을 잘 알고 있음을 조용한 확신으로 보여 주도록 하십시오.

이 모임에서 당신이 가져야 할 주된 목표는 참석자들이 말씀 공부와 토의를 잘 시작하도록 돕는 것입니다. 이 목표를 이루기 위해서는 주로 다음 세 단계가 필요합니다.

솔직한 토의와 상호 영향이 이루어지도록 서로 친숙해질 것. 각 사람이 도착하는 대로 다른 사람들에게 소개하도록 하십시오. 서로 상대방의 이름을 외우기 쉽도록 가능한 한 자주 그들의 이름을 부르도록 하십시오. 이름표를 다는 것도 도움이 됩니다.

각자가 자기소개를 하여 서로 알게 되도록 도와주되, 개인적

이지 않은 일반적인 것부터 나누게 하십시오. 예를 들어, 고향이나 직업, 취미 등을 이야기하는 것입니다. 당신이 먼저 이런 것을 나누도록 하십시오. 이를 통해 어떤 내용을 얼마나 오래 이야기할 것인지 본을 보여 줄 수 있습니다.

가볍고 색다른 질문을 던지면 재미있는 대답이 나오며 참석자들의 긴장을 푸는 데 도움이 됩니다. 모든 사람에게 똑같은 질문을 하지 말고, 각기 다른 질문을 쓴 카드를 여러 개 만들어서 각자가 그중에서 하나씩을 뽑아 대답하도록 해도 좋습니다. 예를 몇 가지 들어 보겠습니다.

* "고향 얘기 좀 해 주세요."
* "취미는 무엇입니까?"
* "기억에 남는 선생님은 누구였어요? 그분 얘기 좀 해 봐요."
* "과일은 어떤 걸 제일 좋아하세요?"
* "비 오는 날에는 무슨 일을 제일 하고 싶으세요?"

그다음으로 참석자 모두가 구원의 확신이 있는 그리스도인인 경우에는 간단하게 구원 간증을 나누게 합니다. 이때쯤이면 모두가 그룹 안에서 편안함을 느낄 정도가 되어 있어야 합니다.

어떤 방법으로 성경공부를 할 것인지, 그리고 토의는 어떤 식으로 할 것인지를 설명할 것. 설명에 들어가기 전에 잠시 기도 시간을 가지도록 하십시오. 하나님께서 이 토의를 인도해 주시고 모든 참석자들을 말씀으로 가르쳐 주시기를 구하십시오.

모든 멤버가, 지켜야 할 일정한 수준을 끝까지 지키도록 하는 것이 매우 중요합니다. 당신은 인도자로서 이 수준을 제안해야 합니다. 독선적인 태도로 당신이 기대하고 있는 바를 먼저 꺼내드는 일이 일어나지 않도록 각별히 주의해야 합니다. 오히려 이런 식으로 이야기하면 좋을 것입니다. “매주 토의를 하기 전까지 공부를 미리 다 해 오도록 (혹은 “과제를 다 끝마쳐서 오도록”) 하는 게 어떨까요?” 토의에 참석하는 것과 성경공부를 준비해 오는 일의 중요성에 대해서 모두가 공감해야 합니다.

이제 그룹 멤버에게 성경공부 계획을 알려 주고 필요한 교재를 나누어 주도록 하십시오. 교재에 있는 머리말과 지시 사항을 주의 깊게 훑어보아야 합니다. 모두가 주의를 잘 기울일 수 있도록 빙 둘러앉아서 각자 돌아가며 한 문단씩 읽게 하고, 다 읽고 난 후에는 질문이 생기는 대로 토의를 하도록 하십시오.

사람들이 공부를 시작하게 해 줄 것. 그룹 안에는 기대감이 있어야 됩니다. 실제로 공부 준비를 조금 하다 보면 열의가 생기는 수가 종종 있습니다. 바로 그 자리에서 그들이 공부할 내용의 첫 부분을 조용히 공부해 보도록 권유를 해 보십시오. 아마

5분 내지 10분 정도는 걸릴 것입니다.

그런 다음 이들이 잠깐 동안 살펴본 하나님의 말씀에서 발견한 것을 그룹에서 나누도록 부탁해 보십시오. 관찰한 내용을 충분히 토의할 만한 시간까지는 되지 않을 것이므로, 다만 나머지 부분의 내용에 대하여 호기심과 기대감을 불러일으키는 정도로 만족하십시오. 예를 들어 다음과 같이 말하면 좋습니다.

* "공부를 끝마칠 때쯤이면 이런 것들 사이의 관계를 알 수 있을 것 같군요."
* "지금은 이것을 토의할 시간이 없습니다만, 이것에 대해 어떻게 생각하십니까?"
* "관찰력이 대단하십니다. 이 공부를 끝마칠 때쯤이면 그것을 좀 더 구체적으로 알 수 있을 것 같군요."

이 첫 모임에서 나오는 그룹의 반응을 가볍게 넘기는 일이 없도록 하십시오. 특히 그들이 성경공부 시간에 자기들이 배운 것을 나눌 때는 더욱 그렇습니다. 오히려 진심으로 찬사를 보내도록 하십시오. 사람이란 칭찬해 줄 때 격려를 받게 되는 법입니다.

공부한 것을 나누고 난 후에 기도로써 모임을 마칩니다. 시간을 미리 정해 놓았다면 늦게 끝나지 않도록 해야 합니다. 이상 살펴본 세 단계에 대하여 각각 1/3씩 시간을 할당합니다.

모임을 마칠 때에 다음 모임 시간과 장소 및 과제를 상기시켜 주도록 하십시오.

목표를 설정하기

목표

유능하게 그룹 토의를 인도하는 사람은 마음속에 분명한 목표를 가지고 시작합니다. 목표가 없는 사람은 항상 빗맞히기만 합니다. 그러므로 마음속에 목표를 분명히 갖도록 하십시오. '모든 것이 잘되겠지' 하고 생각하는 함정에 빠지지 마십시오.

목표라는 것은 토의를 끝마칠 때까지 그룹이 이해하고 적용해야 할 것을 짧게 요약한 것입니다. 그러므로 한두 문장으로 명확하게 서술해야 합니다.

분명한 목표는 다음 세 가지 면에 도움을 줍니다.

분명한 목표의 유익점

* 토의 진행과 질문의 방향을 알려 준다.
* 토의 도중 어느 때나 진도를 평가할 수 있도록 도움을 준다. 평가 후에는 필요에 따라 조정할 수 있다.
* 진행해 나가는 가운데서 무엇을 토의할 것인가를 결정할 수 있도록 해 준다. 곁길로 빠지는 문제가 나타날 경우 토의의 방향을 원래의 목표로 돌리고 그 문제는 일시적으로 보류할 수도 있다.

그러나 목표를 서술하기 이전에 그 장의 개요를 결정해야 합니다.

개 요

개요는 장별 성경공부든 주제별 성경공부든 하려고 하는 성경공부의 기초가 되는 기본적인 틀입니다. 그것은 장 전체를 내용의 전개에 따라 작은 단락으로 나누는 몇 개의 세부 사항으로 이루어집니다. 건축가가 청사진을 통해서 한 건물을 바라보듯, 우리는 개요를 통해서 그 장의 기본 구조를 바라볼 수 있습니다.

토의 그룹을 인도할 때 개요는 다음과 같은 역할을 합니다.

개요의 역할

* 공부에 대한 전반적인 방향을 제시해 준다.
* 토의를 위한 질문을 준비하는 데 도움을 준다.
* 토의의 진행을 평가하는 일에 보탬이 된다.
* 멤버들이 토의의 내용을 기억하도록 도와준다.

'그리스도의 제자가 되는 길' 시리즈로 토의를 인도해 나간다면 이미 주어진 개요를 이용하면 됩니다. 이것은 각 장의 소제목들로 이루어져 있습니다. 예컨대 "하나님께서는 당신을 돌보십니다"(제1권, 1과)의 개요는 다음과 같습니다.

Ⅰ. "하나님께서는 당신을 창조하셨습니다"
Ⅱ. "하나님께서는 당신을 아십니다"
Ⅲ. "하나님께서는 당신을 사랑하십니다"
Ⅳ. "하나님께서는 당신을 자기 가족의 일원으로 삼으셨습니다"

목표를 서술함

개요는 토의의 목표를 결정짓는 디딤돌 역할을 합니다. 목표는 개요의 흐름을 파악해 내고 결론까지 이끌 수 있도록 설정해야 합니다. 목표를 서술하기 전에 그 장의 소제목들을 주의 깊게 살펴본 다음, 이러한 중요 요점들을 함축하고 있는 토의 목표를 적어 봅니다. 제1장 "하나님께서는 당신을 돌보십니다"의 목표는 "각 사람이 구원의 확신을 가지며 하나님의 사랑을 깨닫고 감사하도록 한다" 또는 "각 사람이 하나님의 사랑에 대하여 감사하도록 한다" 등이 무난할 것입니다.

때로는 장의 제목 자체가 뚜렷해서 토의 목표를 설정하는 데 도움을 주기도 합니다. "하나님께서는 당신을 돌보십니다"라는 제목은 이 장이 하나님의 사랑을 다루고 있음을 보여 줍니다.

또한 목표가 달성되었는지를 평가하는 방법에 대하여 생각해 보는 것도 중요합니다. 하나님의 사랑을 다룬 장에서는 그룹이 하나님의 사랑에 대한 진리를 과연 이해하고 적용하였는지를 어떻게 평가해 볼 수 있겠습니까? 하나님의 사랑에 대한 감사 기도나 구원에 관한 짤막한 간증, 구원의 확신에 관한 구절을 보고 새로운 기쁨을 갖는 것 등이 좋은 평가 근거가 될 것입니다.

일단 목표와 개요가 확정되면, 그룹이 말씀을 탐구하도록 돕기가 한결 쉬워집니다. 목적지를 알고 그곳에 도달하는 길을 보여 주는 기본 지도를 갖추고 있을 때 그룹 토의를 준비하기가 한결 쉬워집니다.

질문의 가치

유능한 인도자는 멤버들이 스스로 성경의 진리를 발견해 내도록 도와줍니다. 그러므로 토의 그룹 인도자는 적절한 질문을 만들어 사용하는 능력을 길러야 합니다. 이러한 질문은 그룹 내에서 토의를 위한 발판이 됩니다. 그 과에 나오는 질문을 단순히 되풀이하는 것이 아니라, 멤버들이 공부한 것으로부터 새로운 것을 찾아낼 수 있도록 돕는 질문을 준비하십시오. 질문은 다음과 같은 가치가 있습니다.

질문의 가치

- 멤버들의 이해, 지식, 학습 성과 등을 평가하는 데 도움을 준다.
- 멤버들로 하여금 생각을 하도록 자극을 준다.
- 각 사람에게 접근해서 개인적인 응답을 얻어 낼 수 있다.
- 인도자가 독단적으로 흐르는 것을 방지해 준다.
- 멤버들이 스스로의 힘으로 진리를 발견하도록 해 준다.

"질문을 한 가지 하는 것은 마치 돌을 굴리기 시작하는 것과 같다. 당신이 언덕 위에 가만히 앉아 있기만 해도 돌은 굴러가면서 또 다른 돌을 굴러가게 만든다."

-로버트 스티븐슨

그룹의 각 멤버는 토의 그룹에 오기 전까지 자기의 공과 준비를 다 마쳐야 합니다. 공과를 준비하는 동안 각자는 성경공부의 네 가지 주요 요소를 경험하게 됩니다. 그 네 가지 요소란 관찰, 해석, 상호 연관, 적용입니다. 이러한 주요 요소를 이해하면 토의를 위하여 좋은 질문을 만드는 데 도움이 됩니다.

관찰이란 보는 행위, 즉 사물을 실제 있는 그대로 주목하고 파악하며, 보이는 현상에 주의를 집중하는 것입니다. 성경공부를 해 나갈 때 정확하게 관찰하는 것이 특히 중요합니다. 관찰은 이미 알려졌거나 발표된 사실과 관련되어 있으며, 알려진 사실에 대한 추측이 아닙니다.

해석이란 저자가 의도하는 바가 무엇인지를 알아내는 단계입니다. 해석은 성령께서 왜 그 부분을 성경에 포함하셨는가를 이해하기 위하여 한 구절이나 한 단락의 의미를 분명하게 하는 것입니다. 해석은 "이것은 무엇을 의미하는가?"라는 질문에 대한 대답입니다. 성경은 문자로 기록된 하나님의 말씀이요, 쓰여진 그대로를 의미합니다. 그러나 한 단어에 대한 의미가 한 개 이상인 때가 종종 있습니다. 이런 이유 때문에 올바른 해석은 저자가 마음에 두고 있던 의도를 알아내는 것입니다. 사전은 성경공부에 좋은 참고서가 됩니다.

상호 연관은 주어진 구절이나 단락을 성경의 다른 부분과 연관 짓는 것을 말합니다. 이것은 성경 본문에 저자가 의도하지 않은 의미를 부여하는 잘못을 막을 수 있습니다. 성경이 진리이며 모든 진리가 통일되어 있는 이상, 모든 해석도 성경의 나머지 부분과 일치해야 하며, 만일 일관성이 없으면 안 됩니다.

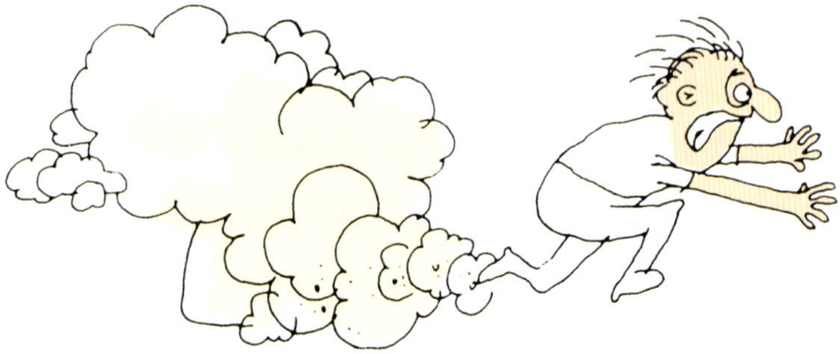

적용은 하나님의 말씀을 실행에 옮기는 것, 주님의 음성을 알아듣고 그 말씀에 응답하는 것입니다. “내가 내 행위를 생각하고 주의 증거로 내 발을 돌이켰사오며, 주의 계명을 지키기에 신속히 하고 지체치 아니하였나이다”(시편 119:59-60).

성경공부의 유익은 방법이나 기술, 또는 공과를 이해하려는 부지런한 노력만으로 얻어지는 것이 아닙니다. 그것은 주님의 음성에 순종하고, 주님의 말씀을 받아들이며, 실천에 옮길 때 얻는 것입니다. 적용은 저절로 또는 우연히 되지 않습니다. 말씀에 순종하고자 하는 의지로부터 비롯됩니다. 적용 가운데는 감명 깊은 진리를 기억하는 것, 잘못된 태도를 고치는 것 또는 적극적으로 행동하는 것 등이 포함됩니다.

토의를 이끌어 나갈 때는 참석자들에게 이러한 단계를 밟도록 하고, 그들이 발견한 것과 결론 등을 이끌어 내는 것도 고려해야 합니다. 그룹 토의에는 기본적으로 다음 네 가지 유형의 질문이 있습니다.

1. 관찰 질문

이 질문의 목적은 "이 구절은 무엇을 말하는가?"를 밝혀내는 것입니다. 각 단락마다 그룹이 뜻깊은 토의를 벌이도록 생각을 자극하는 좋은 질문이 필요합니다. 관찰 질문은 다루고 있는 주제의 핵심에 곧바로 도달하도록 하며 그 단락의 기본 내용을 밝혀 줍니다. 그러므로 관찰 질문은 미리 세세하게 준비해야 합니다.

2. 해석 질문

이 질문의 목적은 "이 구절은 무엇을 의미하는가?"를 밝혀내는 것입니다. 관찰 질문으로는 각 단락마다 바람직한 토의를 만들어 내기에 충분치 못한 감이 있습니다. 각 토의마다 토의의 진행 방향이 다를 것이므로 해석을 위한 질문을 많이 준비하기는 어렵습니다. 그렇다 하더라도 토의에 들어가기 전에 몇 개의 아이디어를 생각해 두면 도움이 됩니다.

3. 상호 연관 질문

이 질문의 목적은 성경의 서로 다른 구절들과 연관 짓는 것입니다. 즉 "이 구절들은 서로 어떤 관계가 있는가?"를 알아내는 것입니다. 토의를 어떤 방향으로 진행시킬지를 미리 알고 있을 때 상호 연관 관계를 알기 위한 질문도 미리 생각해 볼 수 있습니다.

4. 적용 질문

이 질문의 목적은 공부를 마친 각 사람에게 하나님께서 바라시는 것을 깨닫도록 돕기 위한 것입니다. “하나님께서는 내가 이것에 대하여 무엇을 하기를 원하시는가?” 이 질문은 공부한 구절이 암시하거나 명령하는 특정한 행동이나 태도를 취하도록 이끌어 줍니다. 공부 결과 변화되어야 할 것에 주의를 기울이는 게 마땅합니다. 그렇지 않고서는 공부를 잘했다고 볼 수 없습니다. 이 질문은 각 단락의 마지막 부분에서 해야 하며, 그 토의 시간이 끝날 때까지 모아 두어서는 안 됩니다. 토의가 진행되는 동안 줄곧 적용에 중점을 두어야 합니다.

그룹의 각 멤버는 준비를 하는 동안 스스로 성경을 탐구함으로써 만족을 얻었을 것입니다. 개인적으로 미리 공부를 해 오도록 강조하십시오. 스스로 말씀의 참맛을 본 사람에게는 수저로 떠먹여 줄 필요가 없습니다.

질문을 던지고 그들의 대답을 귀 기울여 들으십시오. 자신들이 공부한 내용을 이해하도록 도와주십시오. 그렇지 않으면 성경에서 더욱 많은 것을 배우고자 하던 마음이 식을지도 모릅니다. 스스로 말씀에 파고들며, 깨달은 것을 다른 사람들과 나누게 될 때, 그들은 이 일을 즐기게 되며 계속하려고 할 것입니다.

질문을 개발하기

좋은 질문은 다음과 같은 조건을 갖추어야 합니다.

* 분명해야 한다.
* 연관성이 있어야 한다.
* 토의에 자극을 주어야 한다.

이러한 기준은 질문을 만들고 평가하는 데 도움을 줍니다. 일단 질문을 준비했으면 사람들의 반응이 어떻게 나올까를 예상해 보십시오. 그런 다음 필요한 경우 질문을 수정합니다.

질문을 만들기 전에 자신이 만든 개요를 먼저 살펴보고 이 개요 내의 각 주요 단락마다 네 가지 질문을 준비합니다. 즉, 관찰 질문, 해석 질문, 상호 연관 질문 및 적용 질문입니다.

1. 관찰 질문

관찰 질문은 주의 깊게 선택해야 합니다. 왜냐하면 이 질문은 어떤 주제에 대하여 의미 있는 토의를 시작하게 하는 것이기 때문입니다. 관찰 질문의 목적은 성경이 무엇을 말하는가를 찾아내는 것입니다. 이 질문은 토의할 주제와 그룹이 나타낼 반응을 상당한 수준까지 결정짓게 됩니다. 토의에 활력을 더하고 싶다면 여러 대답이 나올 수 있는 질문을 하십시오. 가령, "하나님께서는 천지를 창조하셨지요?"와 같은 질문은 피하십시오. 이러한 질문은 그 그룹의 반응을 제한하기 때문입니다. 만일 "이번 주에 창조에 대하여 무엇을 배웠습니까?"라고 묻는다면, 대답은 각 개인의 관찰에 따라 다양하게 나올 수 있을 것입니다.

관찰 질문은 간단명료해야 하며, '그리고'나 '그러나'의 사용은 피해야 합니다. 이런 것은 대개 또 다른 질문을 불러일으키기 때문입니다. 될 수 있으면 공과에 포함된 내용 중에서 대답이 나올 수 있도록 질문을 하십시오.

포괄적인 관찰 질문을 만드는 한 가지 방법은 그 장의 소제목을 보고 그것을 질문으로 바꾸는 것입니다. 제1과 "하나님께서는 당신을 돌보십니다"에서 몇 가지 예를 들어 봅시다.

* "하나님께서 다윗을 알고 계심을 보고 우리는 무엇을 알 수 있습니까?" ("하나님께서는 당신을 아십니다"에서)
* "이 단락에서 우리를 향한 하나님의 사랑에 관하여 무엇을 배웠습니까?" ("하나님께서는 당신을 사랑하십니다"에서)
* "한 사람이 어떻게 하나님의 가족의 일원이 됩니까?" ("하나님께서는 당신을 자기 가족의 일원으로 삼으셨습니다"에서)

일단 이렇게 만든 관찰 질문이 좋은 질문에 해당하는지 그 기준을 살펴보겠습니다.

관찰 질문의 평가 기준

명료성

* 의견과 느낌보다는 관찰과 사실을 묻고 있는가?
* 쉽게 기억하고 이해할 수 있는 것인가?
* 알기 어려운 용어를 피했는가?

연관성

* 단락 중에 있는 두세 가지 진리로 대답을 할 수 있는가?
* 이 질문의 참뜻은 무엇인가?
* 이 단락의 주제에 초점을 맞추고 있는가?

반 응

* 적극적인 참여와 토의를 하도록 자극하는 것인가?
* 한 사람 이상에게 대답할 기회를 주는 것인가?
* 각 사람이 준비한 내용에서 대답을 이끌어 내는가?

해석 질문

해석 질문은 관찰 질문으로 시작된 토의를 더 펼치고, 더 깊이 다루고, 예를 들어 설명하거나 명확하게 해 줍니다. 이런 유형의 질문은 그룹 멤버에게 그들이 처음 관찰한 그 이상의 내용을 생각할 수 있도록 도와줍니다.

당신의 목표는 발견한 진리들의 의미를 각 사람이 더욱 깊이 있게 이해하도록 돕는 것입니다. 명확하게 이해해야 할 단어나 말이 있는지 자문해 보고, 그 뜻을 명확하게 하는 질문을 만들어 보십시오.

토의 중에 가끔 "이건 무슨 뜻입니까?" 하고 묻는 사람이 있습니다. 이런 질문은 당신이 미리 준비한 해석 질문을 대신할 수도 있습니다. 그룹에서 나온 질문을 다루게 되면 자신의 관심사를 토의하게 되므로 더욱 효과적으로 이끌어 갈 수 있습니다. 그러나 그 토의가 곁길로 빠지지 않도록 주의해야 합니다.

제1과 "하나님께서는 당신을 돌보십니다"에서 해석 질문의 몇 가지 예를 들어 보겠습니다.

* "요한계시록 4:11에 나오는 '영광'이란 말의 뜻은 무엇입니까?"
* "하나님께서 다윗을 알고 계셨다는 말은 무엇을 뜻합니까?"
* "무조건적인 사랑의 의미는 무엇입니까?"
* "하나님께서 아버지시라는 것은 무엇을 의미합니까?"

준비한 해석 질문에 대한 평가 기준을 다음에 살펴봅시다.

해석 질문의 평가 기준

명료성

* 이 질문은 "그것은 무슨 뜻인가?"라고 묻고 있는가?
* 이것은 뜻을 분명히 밝히는 데 도움이 되는가?
* 불필요한 문제를 일으키거나 곁길로 빠지게 만들지는 않는가?

연관성

* 이 질문은 이미 찾아낸 진리들과 어떤 관련이 있는가?
* 질문들이 중요한 순서로 되어 있는가?
* 대답은 성경의 저자가 뜻한 대로 나올 것인가?

반 응

* 이 질문은 멤버들 모두가 참여하도록 이끌 것인가?
* 멤버들은 이 질문에 대답할 만한 지식을 가지고 있는가?
* 이 질문은 각 사람이 모두 이해하도록 목표로 하고 있는가?

상호 연관 질문

상호 연관 질문은 특정한 진리들 간의 관계를 확인하는 데 도움이 됩니다. 이 질문의 목적은 공부한 구절들이 서로 어떤 관계가 있는지 알아보는 데 있습니다. 이 질문은 각각의 내용을 종합하여 하나의 전체적인 개념을 이끌어 낼 수 있도록 돕는 것이어야 합니다.

제1과 "하나님께서는 당신을 돌보십니다"에서 몇 가지 예를 들어 보겠습니다.

* "하나님께서 우리를 창조하셨다는 사실은 하나님께서 우리를 돌보신다는 것과 어떤 관계가 있습니까?"
* "하나님께서 우리를 알고 계신다는 사실은 하나님께서 우리를 창조하신 것과 어떤 관계가 있습니까?"
* "이 공부를 통하여 하나님께서 여러분을 사랑하신다는 것을 어떻게 알게 되었습니까?"
* "하나님께서 우리를 자기 가족의 일원으로 삼으신 사실은 하나님께서 우리를 돌보시는 것과 어떤 관계가 있습니까?"

상호 연관 질문의 평가를 위하여 다음 기준을 살펴봅시다.

상호 연관 질문의 평가 기준

명료성

- "이 구절은 다른 구절과 어떤 관련이 있는가?"라고 묻는가?
- 멤버들은 당신이 어떤 반응을 바라고 있는지를 이해하는가?

연관성

- 이미 발견한 진리들과 어떤 관련이 있는가?
- 공부한 진리들의 관계를 분명하게 해 주는가?

반 응

- 각 사람이 창조적으로 발표할 수 있는 여지가 있는가?
- 외부 자료에 대한 특별한 지식이 없어도 그 질문에 대답할 수 있는가?
- 그들이 알고 있는 성경 지식을 자유롭게 발표할 수 있도록 격려하고 있는가?

적용 질문

적용은 성경공부의 궁극적인 목적이며, 올바른 적용은 정확한 관찰과 해석 및 상호 관계의 파악에 달려 있습니다. 이 질문은 행동하도록 동기 부여하고, 발견한 진리를 활용하도록 도와줍니다.

그룹이라는 상황 가운데서 이 질문을 한 개인에게 던질 경우도 있습니다. 인도자가 판단하기에 그룹에 유익이 될 것으로 생각되면 그 대상을 주의 깊게 선정하여 직접 그가 적용을 나누게 합니다.

적용을 나누도록 격려해 주는 한 가지 방법은 그들 각자에게 적용을 써 보도록 하는 것입니다. 이렇게 하면 그다음 주에, 적용했던 결과에 대해서도 나눌 수 있도록 도와줍니다. 이 방법은 그들에게 단기간 내에 실천이 가능한 적용을 쓰도록 격려해 주며, 또한 각자 도전받은 것을 적용하는 일에 하나님께서 도와주시리라는 기대를 갖도록 격려해 줍니다.

적용 질문은 만들기가 어렵기는 하지만 성경공부를 실생활로 연결시켜 주기 때문에 매우 중요합니다. 늘 말씀과 함께하며, 그것을 어디에 적용할까를 깨우쳐 주시도록 하나님께 기도

하십시오. 가능한 한 적용 질문은 이미 그 과에 나와 있는 적용 질문들과 유사하게 만들도록 하십시오.

적용 질문의 예를 몇 가지 들어 보겠습니다.

* "우리는 하나님의 피조물로서 하나님을 더 영화롭게 하기 위해 무엇을 할 수 있습니까?"
* "하나님께서 우리를 완전히 알고 계신다는 사실을 통해 우리가 얻을 수 있는 유익은 무엇입니까?"
* "우리는 하나님께 이 사랑을 어떻게 받습니까?"
* "여러분이 하나님의 가족의 일원이라는 사실에 대하여 어떤 확신이 있습니까?"

적용 질문에 대한 평가 기준을 살펴보겠습니다.

적용 질문의 평가 기준

명료성

* "이 구절의 진리에 대하여 나는 무엇을 해야 하는가?"를 묻는가?
* 어떤 종류의 반응이 기대되는지가 분명한가?
* 무슨 일을 할 것인가를 선택할 자유가 있는가?

연관성

* 가능하고 실제적인 응답을 묻고 있는가?
* 이미 발견한 진리들과 어떤 관련이 있는가?
* 그 구절에 대한 분명한 이해에 바탕을 두고 있는가?

반 응

* 멤버들 각 사람이 참여하고 있는가?
* 멤버 중 어느 사람에게 곤란을 주지는 않는가?

교안을 작성하기

교안이란 성경공부를 통해 성취하고자 하는 내용이 무엇이며, 그것을 어떻게 성취할 것인가를 서술해 놓은 것입니다. 이것은 토의에서 사용할 자료를 정리하는 데 도움이 됩니다. 토의 그룹 인도자에게 잘 짜인 교안은 여행자에게 최신판 여행 안내서와 같습니다.

교안은 인도자인 당신에게 필요한 모든 정보를 담은 것으로서 항상 손 가까이 두고 들여다보기만 하면 기억을 되살려 주어 확신 있게 토의를 진행해 나가도록 도와줍니다. 이것은 또한 토의가 곁길로 나가는지의 여부를 평가할 수 있게 함으로써 화제가 주제에서 벗어나지 않고 시간을 지혜롭게 사용할 수 있도록 해 줍니다.

교안은 다음 단계를 따라 작성합니다.

1. 공과의 주제 또는 과 제목을 기록한다.
2. 공부할 내용의 개요를 정하고 기록한다.
3. 공과를 위한 목표를 설정하고 기록한다.

그리스도의 제자가 되는 길
제 1 권, 제 1 과

하나님께서는 당신을 돌보십니다

목 표 : 각 사람이 구원의 확신을 가지며 하나님의 사랑을 깨닫고 감사하도록 한다.

4. 그룹을 토의 주제로 이끌 도입부를 계획합니다. 그리스도의 제자가 되는 길 시리즈에는 각 장이 훌륭한 소개말로 시작됩니다.

도 입 : 멤버의 이름을 훑어본다.
공과의 소개말을 읽는다.
시작하기 전에 기도한다.

5. 관찰 질문, 해석 질문, 상호 연관 질문, 적용 질문을 기록한다.

I. 하나님께서는 당신을 창조하셨습니다.

관 – 여러분은 이 단락에서 하나님의 창조에 대하여 무엇을 배웠습니까?

해 – 요한계시록 4:11에 나오는 '영광'이란 말의 뜻은 무엇입니까?

상 – 하나님께서 우리를 창조하셨다는 사실은 하나님께서 우리를 돌보신다는 것과 어떤 관계가 있습니까?

적 – 우리는 하나님의 피조물로서 하나님을 더 영화롭게 하기 위해 무엇을 할 수 있습니까?

6. 공과를 어떻게 마무리할지를 계획합니다. 여기에는 간단한 복습과 다음 주 과제를 내 주는 것이 꼭 있어야 합니다.

끝맺음: 이 과의 끝 부분에 있는 요약을 읽음으로써 이 과를 요약한다.
적용한 것을 위해 구체적으로 기도한다.
다음 주 과제를 준다.

7. 시간 계획을 세웁니다. 도입과 끝맺음에는 2-5분을 할당합니다. 나머지 시간은 각 단락에 골고루 분배합니다.

	60분 계획	90분 계획
도 입	2분	5분
제1단락	14분	20분
제2단락	14분	20분
제3단락	14분	20분
제4단락	14분	20분
끝맺음	2분	5분

하나님께서는 당신을 돌보십니다

목 표: 각 사람이 구원의 확신을 가지며 하나님의 사랑을 깨닫고 감사하도록 한다.

도 입: 멤버의 이름을 훑어본다.

공과의 소개말을 읽는다.

시작하기 전에 기도한다.

Ⅰ. 하나님께서는 당신을 창조하셨습니다

관 - 여러분은 이 단락에서 하나님의 창조에 대하여 무엇을 배웠습니까?

해 - 요한계시록 4:11에 나오는 '영광'이란 말의 뜻은 무엇입니까?

상 - 하나님께서 우리를 창조하셨다는 사실은 하나님께서 우리를 돌보신다는 것과 어떤 관계가 있습니까?

적 - 우리는 하나님의 피조물로서 하나님을 더 영화롭게 하기 위해 무엇을 할 수 있습니까?

Ⅱ. 하나님께서는 당신을 아십니다

관 - 하나님께서 다윗을 알고 계심을 보고 우리는 무엇을 알 수 있습니까?

해 - 하나님께서 다윗을 알고 계셨다는 말은 무엇을 뜻합니까?

상 - 하나님께서 우리를 알고 계신다는 사실은 하나님께서 우리를 창조하신 것과 어떤 관계가 있습니까?

적 - 하나님께서 우리를 완전히 알고 계신다는 사실을 통해 우리가 얻을 수 있는 유익은 무엇입니까?

Ⅲ. 하나님께서는 당신을 사랑하십니다

관 ㅡ 이 단락에서 우리를 향한 하나님의 사랑에 관하여 무엇을 배웠습니까?

해 ㅡ 무조건적인 사랑의 의미는 무엇입니까?

상 ㅡ 이 공부를 통하여 하나님께서 여러분을 사랑하신다는 것을 어떻게 알게 되었습니까?

적 ㅡ 우리는 하나님께 이 사랑을 어떻게 받습니까?

Ⅳ. 하나님께서는 당신을 자기 가족의 일원으로 삼으셨습니다

관 ㅡ 한 사람이 어떻게 하나님의 가족의 일원이 됩니까?

해 ㅡ 하나님께서 아버지시라는 것은 무엇을 의미합니까?

상 ㅡ 하나님께서 우리를 자기 가족의 일원으로 삼으신 사실은 하나님께서 우리를 돌보시는 것과 어떤 관계가 있습니까?

적 ㅡ 여러분이 하나님의 가족의 일원이라는 사실에 대하여 어떤 확신이 있습니까?

끝맺음: 이 과의 끝 부분에 있는 요약을 읽음으로써 이 과를 요약한다.

적용한 것을 위해 구체적으로 기도한다.

다음 주 과제를 준다.

그리스도의 제자가 되는 길
제 1 권, 제 2 과

예수 그리스도는 누구십니까

목 표 : 각 사람이 그리스도의 두 가지 속성을 이해하고, 그리스도께서 자신과 감정을 교류하실 수 있다는 사실을 깨닫도록 한다.

도 입 : 지난주 공부 내용을 복습한다.

공부 준비를 다 해 온 사람들을 칭찬해 준다.

몇 사람에게 자신이 실천한 적용을 나누도록 한다.

시작하기 전에 기도한다.

Ⅰ. 예수 그리스도의 신성

관 – 여러분은 이 단락에서 예수님께서 하나님이시라는 사실에 대해 어떤 증거를 찾았습니까?

해 – 그리스도께서는 왜 하나님을 그대로 완전하게 나타내셔야 했습니까?

상 – 그리스도에 대한 예언들은 그리스도의 신성과 어떤 관련이 있습니까?

적 – 자신이 그리스도의 신성을 믿어야 될 이유는 무엇입니까?

Ⅱ. 예수 그리스도의 인성

관 – 그리스도께서 나타내신 인간적인 특성에는 무엇이 있습니까?

해 – 그리스도께서 사람이 되신 것은 왜 중요합니까?

상 – 그리스도께서 인성과 신성을 다 지니신 점이 왜 중요합니까?

적 ― 예수님께서 사람이셨다는 사실은 우리가 유혹을 받을 때 어
떤 도움이 됩니까?

끝맺음: 이 과의 끝 부분에 있는 요약을 읽음으로써 이 과를 요약한다.
토의한 내용에 대해 구체적으로 하나님께 감사 기도를 한다.
다음 주 과제를 준다.

그리스도께서 하신 일

목 표: 각 사람이 그리스도의 삶과 죽음과 부활을 현재의 자신과 관련지어 이해하도록 하고, 이 사실이 자신의 삶에 미친 영향을 최소한 두 가지 이상 발표하도록 한다.

도 입: 책을 덮고 1과와 2과의 제목과 소제목을 복습한다.

소개말을 읽는다.

기도한다.

Ⅰ. 예수 그리스도의 삶

관 — 예수님의 삶은 다른 사람들과 어떻게 달랐습니까?

해 — 예수님의 삶에서 특별한 점은 무엇입니까?

상 — 예수님의 삶은 예수님께서 오신 목적을 이루는 데 어떤 도움이 되었습니까?

적 — 우리의 삶의 어떤 영역에서 예수님께서 하신 것처럼 자신을 계발할 수 있겠습니까?

Ⅱ. 예수 그리스도의 죽음

관 — 예수님의 죽음을 둘러싸고 있는 사건들을 설명해 보십시오.

해 — 예수님께서는 왜 죽으셔야만 했습니까?

상 — 예수님의 죽음은 마태복음 1:21과 어떤 관련이 있습니까?

적 — 하나님께서 우리를 더욱 잘 받아들이시도록 하기 위하여 우리가 할 수 있는 일은 무엇입니까?

Ⅲ. 예수 그리스도의 부활

관 – 그리스도의 부활을 뒷받침하는 증거는 어떤 것이 있습니까?

해 – 그리스도께서 죽음에서 부활하신 사실은 왜 중요합니까?

상 – 그리스도의 부활은 그리스도께서 하신 일과 어떤 관계가 있습니까?

적 – 그리스도께서 죽은 자 가운데서 살아나신 사실은 우리의 삶에 어떤 변화를 가져다줍니까?

끝맺음: 한 사람에게 토의 내용을 복습하게 함으로써 요약한다.

예수님의 부활로 각 사람의 삶에 일어난 변화에 대해 구체적으로 기도한다.

다음 주 과제를 준다.

당신 안에 계신 성령

목 표 : 각 사람이 성령의 통치 아래 있는지 그렇지 않은지를 생각해 보고 발표하며, 각자의 삶에서 성령께서 하시는 역할과 영향을 이해하게 한다.

도 입 : 지난주 토의 사항을 복습한다.

소개 부분을 읽는다.

이 시간을 통해 하나님께서 구체적으로 각 사람에게 가르쳐 주시도록 기도한다.

Ⅰ. 예수 그리스도의 승천

관 – 그리스도의 승천을 둘러싼 사건들은 무엇입니까?

해 – 그리스도께서는 왜 승천하셨습니까?

상 – 그리스도의 승천과 재림 사이에는 어떤 관계가 있습니까?

적 – 그리스도의 승천은 우리에게 어떤 소망을 줍니까?

Ⅱ. 예수 그리스도의 중보 기도

관 – 그리스도께서는 우리를 위하여 어떻게 중보를 하십니까?

해 – 그리스도의 중보 기도는 왜 중요합니까?

상 – 그리스도의 중보 기도는 그리스도의 승천과 어떤 관계가 있습니까?

적 – 여러분은 다른 이들을 위해 어떻게 기도함으로써 그리스도의 본을 따르겠습니까?

Ⅲ. 내주하시는 성령

관 – 성령께서는 믿는 자와 어떤 관계를 맺고 계십니까?

해 – 하나님께서 왜 성령을 보내 주셨습니까?

상 – 성령께서는 예수님의 승천과 어떤 관계가 있습니까?

적 – 여러분 안에 성령께서 내주하고 계신다는 사실에 대하여 어떤 증거가 있습니까?

Ⅳ. 성령의 통치를 받는 삶

관 – 성령의 통치를 받는 삶에 대하여 여러분은 무엇을 배웠습니까?

해 – 우리가 성령의 통치 아래서 살아가는 것을 방해하는 것은 무엇입니까?

상 – 성령의 통치를 받는 것과 성령께서 내주하시는 것은 어떤 차이가 있습니까?

적 – 어떻게 하면 온전히 성령의 통치 아래서 살 수 있겠습니까?

끝맺음: 한 사람에게 이 과를 복습하게 함으로써 요약한다.

성령의 통치를 받는 삶을 살도록 구체적으로 기도한다.

다음 주 과제를 준다.

토의를 인도하기

드디어 모든 준비를 마치고 첫 번째 성경공부를 인도할 차례가 되었습니다. 기억해야 할 것은 인도자라고 해서 모든 질문에 대하여 '성경 박사'가 될 필요는 없다는 점입니다. 인도한다는 말은 당신을 포함한 각 멤버가 각자의 연구를 통하여 얻은 것을 나눔으로써 개인적으로 제한되었던 시야를 넓히고 명확히 하도록 안내하는 것을 의미합니다. 토의 그룹에서 서로 이야기를 나누고 친해질 수 있는 기회가 주어지게 되면 멤버들 각자의 발견, 질문, 의견, 느낌 등을 자유롭게 나눌 수 있는 분위기가 조성됩니다.

당신의 교안은 토의를 위한 좋은 지침이 될 것입니다. 그러나 실제 그룹 토의 때 교안에 있는 내용을 다 다루지 못하거나 계획대로 다 하지 못하더라도 염려하지 말기 바랍니다. 교안은 지침 정도로만 활용하면 됩니다. 그룹이 모이기 전에 교안을 훑어보되, 특별히 목표와 개요는 주의 깊게 살펴보아야 합니다.

그룹이 자리에 앉으면 각 사람이 공부 교재와 성경, 필기도구를 지참했는지 확인하고, 준비가 안 된 사람에게는 필요한 것을 마련해 주십시오.

공부를 시작하게 되면 어느 한 사람에게 공과의 소개말을 읽도록 하십시오. 대부분의 문답식 성경공부에는 주제를 소개하는 한두 문단이 들어 있습니다. 이 문단을 크게 소리 내어 읽으면 모두의 주의가 주제로 쏠리게 될 것입니다. 이를테면, "하나님께서는 당신을 돌보십니다"에서는 그 과 첫머리에 있는, '당신은 특별한 사람'이라는 사실에 대해 읽도록 하면 됩니다.

일단 주제가 소개되면 잠시 멈추고 함께 기도하십시오. 기도 내용은 다를 수 있습니다. 그러나 그 목적은 함께 모일 수 있는 시간을 주신 것을 감사하고, 토의를 통하여 하나님께서 가르쳐 주시고자 하는 것에 집중할 수 있도록 기도하는 것입니다. 하나님의 인도를 구하십시오. 이미 공과 준비를 마쳤고 소개말을 읽었으므로, 이제는 토의하고자 하는 주제에 대하여 특별히 가르쳐 주시기를 기도하십시오. "하나님께서는 당신을 돌보십니다"에서는, 하나님의 사랑에 대하여 감사드리고, 이 토의의 결과로 그룹의 각 멤버가 하나님의 사랑을 더욱 깊이 이해하게 되도록 기도하면 좋을 것입니다.

전체 공과를 다 충분히 토의하려면 각 단락에 할당해 놓은 시간을 잘 지켜야 합니다. 특별히 흥미 있는 부분에 와서는 토의가 원래의 의도보다 길어지는 경우가 종종 있습니다. 그렇게 되면 다음 부분을 줄이거나 생략해야 할 것입니다.

질문의 사용

네 가지 형식의 질문은 관찰, 해석, 상호 연관, 적용의 순서로 진행하는 것이 좋습니다. 그렇게 함으로써 토의는 자연스럽게 하나님의 말씀을 적용하는 방향으로 나아가게 됩니다.

관찰 질문을 함으로써 첫 단락의 토의를 시작하십시오. "하나님께서는 당신을 돌보십니다"의 첫 단락에서 다음과 같이 질문할 수도 있을 것입니다. "여러분은 이 단락에서 하나님의 창조에 대하여 무엇을 배웠습니까?" 만약 즉시 대답하는 사람이 없으면 잠시 기다렸다가 질문의 의미를 확실히 알아들었는지 물어 보십시오. 그렇지 않았다고 생각되는 경우에는 질문을 알아들을 수 있도록 다시 합니다. 대답이 나오기를 기대하면서 그룹을 둘러보십시오. 한 사람이 대답을 하였다면 거기에 덧붙여 답할 수 있도록 다른 사람들도 둘러보십시오. "또 무엇을 알 수 있습니까?" 또는 "다른 분들은 또 무엇을 찾아냈습니까?" 등의 질문이 무난할 것입니다.

몇 가지 관찰이 이루어지면 해석 질문으로 들어갑니다. 종종 해석 질문은 누군가가 관찰한 것과 관련이 있는 경우가 많으며, 관찰한 것을 발표했을 때 이 질문을 던져도 좋습니다. 한 가지 좋은 예로, "요한계시록 4:11에 나오는 '영광'이란 말의 뜻은 무엇입니까?"를 들 수 있습니다. 많은 경우 그룹 내의 다른 누군가가 질문을 던지기도 합니다. 이렇게 나오는 질문은 바람직하며, 또한 엉뚱하거나 탈선된 질문이 아닌 이상에는 토의에 포함합니다. 만약 그 질문이 토의 주제로부터 심각할 만큼 벗어난 것이라면, 그 과를 다 마친 다음에 다루자고 양해를 구해도 좋을 것입니다. 좋은 질문이라면 당신이 준비한 해석 질문 대신 그에 관해 간단히 토의하도록 하십시오.

자, 이제 다시 그룹 중의 몇 사람이 그들의 생각을 발표해 줄 것을 기대하면서 상호 연관 질문으로 넘어가십시오. 예를 들면 "하나님께서 우리를 창조하셨다는 사실은 하나님께서 우리를 돌보신다는 것과 어떤 관계가 있습니까?"라고 물을 수 있습니다.

마지막으로, 적용 질문을 할 때가 왔습니다. 이런 질문도 좋을 것입니다. "우리는 하나님의 피조물로서 하나님을 더 영화롭게 하기 위해 무엇을 할 수 있습니까?"

공과의 각 단락을 공부하는 동안 당신은 준비한 관찰, 해석, 상호 연관 및 적용 질문을 다 사용하고 싶을 것입니다. 그러나 시간에 유의하십시오. 시간이 초과되어 한두 질문을 생략해야 할 경우가 생기게 된다면 해석 질문이나 상호 연관 질문을 빼는 것이 좋습니다. 관찰 질문으로 시작하고 항상 적용 질문을 포함하는 것이 바람직합니다. 이러한 제안은 그룹 인도자로서의 역할을 제한하려는 것이 아니라, 당신에게 언제나 참조할 수 있는 지침을 주고자 함입니다. 이러한 지침을 기억하고 있으면 토의를 언제 어떤 방법으로 공과의 본 주제로 돌아갈지를 알기 때문에, 토의를 자연스럽고 자유롭게 새로운 방향으로 이끌 수 있습니다.

토의 요령

"그 밖에 또 무엇을 알 수 있습니까?", "또 무엇을 발견하셨습니까?" 등의 짧은 질문을 함으로써 토의를 계속 진행할 수가 있습니다. 이러한 질문은 확대, 명시, 증명 또는 방향 수정을 하는 질문이라고 볼 수 있습니다. 이 질문들을 사용하면 다른 사람들을 토의에 이끌어 들이거나 그룹으로부터 더 많은 정보를 이끌어 낼 수가 있습니다. 몇 가지 예를 들어 보겠습니다.

확대: "거기에 다른 어떤 것을 더할 수 있을까요?"
"그것에 대해서 좀 더 자세히 설명해 주시겠습니까?"

명시: "그것은 무슨 뜻이죠?"
"그것을 다른 말로 해 주시겠습니까?"

증명: "그것을 좀 설명해 주시겠습니까?"
"거기에 대하여 어떤 이유가 있겠습니까?"

방향 수정: "○○님은 어떻게 생각하시죠?"
"○○님은 무엇을 찾았습니까?"

끝맺음

공과를 요약함으로써 토의를 끝맺는 방향으로 이끌어 가십시오. 공과의 요점을 얘기하고 그 관계를 보여 주도록 하십시오. 그리스도의 제자가 되는 길 시리즈에서는 각 과마다 요약을 해서 읽게 되어 있습니다.

그룹으로나 개인으로 기도를 하고 마치도록 하십시오. 하나님께서 시간을 허락해 주신 것과 공부하고 토의하는 동안 밝혀 주신 진리들에 대하여 감사하십시오. 구체적으로 하도록 하십시오. 또한 발견한 것을 적용하는 면에 지혜와 명철을 주시도록 기도하십시오.

다음 주의 과제를 줄 때에는 다음 과의 주제 또는 제목을 미리 알려 주십시오. 과제를 줄 뿐만 아니라 "만일 우리를 사랑하시는 하나님께서 자신을 우리에게 나타내신다면 어떤 모습일까요?" 또는 "그리스도께서 인간의 형체로 오신 것은 왜 중요합니까?"와 같은 질문을 통해 동기를 불러일으키고 기대감을 갖도록 분위기를 만들어 주면 좋습니다. 이러한 질문은 그룹으로 하여금 과제를 해 나가는 동안에 질문하는 태도를 가지게 해 주며, 다음 토의에 대한 자연스러운 소개도 됩니다.

이제 지난 토의 시간을 돌이켜 보면 많은 일이 일어났다는 것을 알 수 있습니다. 멤버들이 서로 충돌해서 그룹이 긴장되었을 수도 있고, 갈등이 생겼을 수도 있습니다. 멤버 가운데 수다스러운 사람도 나타났을 것이고, 조용한 사람도 드러났을 것입니다. 그룹 내의 문제점도 또한 분명하게 드러났을 것입니다. 이런 것들은 토의 그룹 속성상 정상적인 현상입니다. 사실 이런 모습이야말로 그룹이 살아 있고 성숙해 간다는 증거가 아니겠습니까? 이러한 상황 가운데서 그룹을 잘 이끌고 유지해 나가는 것이 인도자로서 당신이 맡아야 할 책임이기도 합니다.

일정 기간 토의 그룹을 인도해 나가다 보면 당신은 자신의 지도력이 차츰 향상되어 가는 것을 확신하게 될 것입니다. 질문을 하는 방법과 토의를 더욱 효과적으로 인도하는 법, 다양한 상황 가운데서 멤버들에게 적절하게 반응을 보여 주는 방법 그리고 효과적인 그룹 인도자로서의 자질을 향상하는 법 등을 배우게 될 것입니다.

성경 토의 그룹을 인도하는 것은 하나님께서 당신에게 주신 특권입니다. 사람들이 하나님의 말씀 가운데서 진리들을 발견할 때마다 이들을 인도할 기회를 주신 하나님께 감사드리고 또한 하나님께서 도와주셔서 점점 더 유능한 인도자가 될 수 있게 해 주시도록 기도하십시오.

Ⅱ부

토의 기술의 향상

토의를 평가하기

성경공부 인도자가 자신이 경험한 것에 대한 평가를 소홀히 하면 스스로 발전할 수 있는 기회를 놓치게 되는 경우가 많습니다. 아래 질문은 그룹의 상태와 당신의 인도 능력을 평가하는 데 도움이 될 것입니다.

인도 요령

- 그룹을 이끌었는가, 이끌려 갔는가?
- 경청했는가?
- 멤버들의 필요에 민감했는가?
- 빗나간 질문이 있었는가? 그런 질문이 어떻게 나왔는가?
- 어떻게 그것을 피하거나, 최선의 대답을 줄 수 있었는가?

성경상의 문맥 관계

- 그 진리를 주의 깊게 관찰하고, 해석하고, 서로 관련짓고, 적용하였는가?
- 주제에 충실했는가? 교재는 충분히 다루었는가? 그렇지 않았다면 그 이유는 무엇인가?

계획과 준비

- 교안을 충실히 따랐는가? 그렇게 할 수 있었던 이유는 무엇이며, 그렇지 못했다면 그 이유는 무엇인가?
- 스스로 충분히 준비했다고 생각하는가? 그렇지 않다면 무엇이 필요했는가?
- 앞으로의 계획에 포함시키면 좋겠다고 생각되는 것은 무엇인가?

그룹의 참여

- 당신이 예상했던 사람들이 모두 그룹 토의에 참석했는가? 그렇지 않았다면 그 이유는 무엇인가?
- 각 사람은 자신의 최선을 다하여 기여하도록 동기를 받았는가? 그렇지 않았다면 그렇게 되도록 무엇을 해야만 했는가?
- 그룹에 질문을 던진 멤버가 있는가, 아니면 그룹의 한 멤버가 다른 멤버에게 질문을 했는가? 누가 그랬는가?

진리의 적용

- 적용이 공부한 내용과 일치했는가?
- 서로 나누었던 적용이 구체적이며 실제적이었는가?
- 지난번 토의 때에 적용한 것을 실천했는가?

그룹 내에서의 대인 관계

- 멤버들이 서로를 얼마나 잘 알고 있는가?
- 멤버들이 서로의 말을 얼마나 잘 경청하고 있는가?

이러한 질문은 그룹 인도자로서 당신에게 필요한 것에 관하여 더욱 발전적인 생각을 불러일으켜 줍니다. 주님께서 당신에게 맡기신 사람들을 잘 이끌어 갈 지혜와 부지런한 마음을 주시도록 계속 기도하십시오.

> "너희 중에 있는 하나님의 양 무리를 치되 부득이함으로 하지 말고 오직 하나님의 뜻을 좇아 자원함으로 하며, 더러운 이를 위하여 하지 말고 오직 즐거운 뜻으로 하며, 맡기운 자들에게 주장하는 자세를 하지 말고 오직 양 무리의 본이 되라."
>
> 베드로전서 5:2-3

방법이나 기술을 개발하는 과정에서 다음 세 가지 중 하나 혹은 그 이상의 함정에 빠지는 경향이 있습니다.

1. 비교 의식. 고린도후서 10:12 말씀은 이 면에서 우리에게 경고가 됩니다. "우리가 어떤 자기를 칭찬하는 자로 더불어 감히 짝하며 비교할 수 없노라. 그러나 저희가 자기로서 자기를 헤아리고 자기로서 자기를 비교하니 지혜가 없도다." 비교한다는 것은 당신을 위해 하나님께서 만들어 두신 특별한 자리를 거절하는 것입니다. 각 개인은 독특한 존재이며, 주님께서는 모든 사람에게 계발이 필요한 특별한 능력을 주셨습니다.

2. 낙심. 토의가 기대에 미치지 못할 때면 잘못된 것에만 초점을 맞춤으로써 낙심하는 경향이 있습니다. 그러나 장애물과 실수를 아는 것이 오히려 당신의 토의 인도 능력을 계발하는 데 도움을 줍니다. 실패와 실수는 배우는 과정의 일부입니다. 사탄이 당신을 실망시키지 못하게 하십시오. 하나님의 말씀이 선포될 때 하나님께서 영광을 받으신다는 것을 기억하십시오. 하나님께서는 격려를 주시지만 사탄은 언제나 실망을 안겨 주기를 좋아합니다. 그러므로 낙심하지 마십시오.

3. 포기. 결코 포기하지 마십시오! 목표를 이룰 때까지 이에 집중해야 합니다. "일의 끝이 시작보다 낫고…"(전도서 7:8). 이 말씀이 하나님의 뜻임을 확실히 알고 있다면 더욱 그렇습니다. 누구나 자신이 현재 처한 곳으로부터 시작해 앞으로 나아가야 합니다. '포기는 절대 금물'은 토의 그룹 인도법을 배우는 데 있어 최상의 모토입니다. 때가 되면 발전이 있을 것입니

다. 평가할 때 인도자는 흔히 실수나 문제점, 빠뜨린 것 등의 부정적인 측면만 생각하는 경우가 많습니다. 평가의 중요한 기능 하나는 올바로 진행된 것은 무엇인가, 이번 토의에서는 무엇이 좋았는가와 같은 긍정적인 면을 인지하는 데 있습니다. 성경공부를 인도할 때 당신의 장점을 유지해 나가는 것이 약점을 보완하는 것만큼이나 중요합니다. 토의 그룹에서 거두는 가장 값진 열매는 당신의 지도력 향상이 아니라, 바로 하나님의 말씀을 연구하고, 토의하고, 적용하는 것입니다. 하나님께서는 당신이 인도하고 있는 토의를 통해 하나님의 말씀을 선포하고 계십니다.

지도력을 향상하기

유능한 인도자가 되기 위해서는 다음 사항을 유의해야 합니다.

공부할 내용을 잘 알 것

공부할 구절을 더 깊이 파악하는 데는 많은 시간이 필요할 것입니다. 부지런한 준비와 기도 외에 다른 어떤 것도 이를 대신할 수 없습니다. 철저한 개인 공부에 우선순위를 두십시오. 개인적으로 깊이 있는 공부가 없이는 토의 그룹을 더 이상 효과적으로 인도하지 못하게 됩니다.

그룹 멤버의 발견에 대하여 기뻐할 것

토의 그룹 인도자는 종종 성경 말씀 가운데서 자신이 발견한 진리에 대해서만 흥분하곤 합니다. 이런 사람은 다른 사람이 깨달은 것에 고개를 끄덕이거나, 고마움을 표하거나, 혹은 좀 더 깊이 있는 질문을 던짐으로써 인정을 하기는 하지만 그 깨달은 진리에 대하여 함께 기뻐하는 면에서는 인색합니다. 이미 오래전에 당신이 깨달았던 진리를 이제야 어느 누군가 깨닫고 좋아할 때 당신 자신의 우월감으로 말미암아 새로운 진리를 캐내고자 하는 그의 탐구욕에 찬물을 끼얹지 마십시오. 다른 사람들이 발견해 낸 것에 대하여 함께 기뻐하고, 그 기쁨을 적극 표현하십시오.

유머 감각을 살릴 것

자연스럽고 활달한 인격은 인도자라면 마땅히 계발해야 하는 중요한 자질입니다. 때와 장소에 맞고, 듣는 사람이나 공부하고 있는 내용에도 적합한 유머는 토의 분위기를 부드럽게 만드는 데 도움이 됩니다. 인도자는 자신에게 맞는 유머 스타일을 계발해야 하며, 단순히 다른 사람들의 스타일을 모방하려고만 하면 안 됩니다.

열심을 낼 것

인도자라고 해서 반드시 가장 좋은 관찰과 해석, 또 상호 연관과 적용을 내놓아야 한다는 법은 없습니다. 또한 가장 훌륭한 배경 지식이나 인물 소개 또는 세부적인 사실을 밝혀 주는 사람이 될 필요도 없습니다. 그러나 인도자는 가장 열심을 내는 사람이어야 합니다. 당신이 인도하는 토의를 참석자들이 결코 잊지 못할 토의로 만드십시오! 이 토의를 준비할 때나 인도할 때에 열정적인 마음을 주시도록 기도하십시오. 당신의 태도에 따라서 멤버들의 태도가 결정되기 때문입니다.

기억에 남는 적절한 예화나 시청각 보조 자료를 활용할 것

눈과 귀를 사로잡는 것에 사람들은 관심을 집중합니다. 간단한 예화를 통해 말하고자 하는 의미를 빠르고 쉽게 전달할 수 있습니다. 사진, 그림, 이야기… 그리고 개인적인 예화들을 사용함으로써 멤버들에게 당신이 전달하고자 하는 바를 더욱 쉽게 설명할 수 있을 것입니다. 또한 참석자들에게도 그룹 내에서 예화나 자료를 사용하도록 격려하십시오.

질문을 효과적으로 활용하기

스스로 성경적인 원리를 찾아내도록 돕기 위해 질문을 던지는 방식이 오늘날의 새로운 기술이 아닙니다. 예수님께서도 복음서에서 100개 이상의 질문을 하신 것을 볼 수 있습니다.

예수님께서 질문을 하신 이면에는 많은 목적이 있었습니다. 어떤 사람은 예수님에 대하여 "예수님께서는 질문에 답변하러 오신 것이 아니라 질문하러 오셨으며, 인간의 영혼을 안주시키러 오신 것이 아니라 오히려 자극하려고 오셨습니다"라고 말하기도 했습니다.

예수님께서 질문을 하신 의도는 대략 다음과 같습니다.

- 정보를 얻기 위하여(누가복음 8:30)
- 감정을 표현하기 위하여(요한복음 3:10)
- 알고 있는 사실을 상기시키기 위하여(마가복음 2:25-26)
- 양심을 일깨우기 위하여(마태복음 23:17)
- 믿음을 더하기 위하여(마가복음 8:29)
- 말문을 막기 위하여(마가복음 3:4)

예수님께서는 자신이 원하시는 답에 대한 암시는 주되, 질문받는 사람이 스스로 결론을 이끌어 내도록 하는 질문을 자주 사용하셨습니다. 이러한 질문은 그 질문에 대한 답변을 받아들이도록 강요하지 않으면서 결론으로 이끌어 줍니다.

이를테면 마태복음 5:13의 산상수훈에서 예수님께서는 "너희는 세상의 소금이니 소금이 만일 그 맛을 잃으면 무엇으로 짜게 하리요?"라고 물으셨습니다. 결론은 분명합니다. 소금의 맛을 잃지 말고 소금의 역할을 잘 감당하라는 말씀입니다.

때로 예수님께서는 자기를 반대하는 자들을 꼼짝 못하게 하시려는 질문도 하셨습니다. 그럴 때면 대적하는 자들은 감히 입을 열려고 하지 않았습니다. 마태복음 21:25-27, 22:45, 누가복음 14:5-6을 살펴보십시오.

예수님의 예를 통해서 우리는 토의 그룹 인도자의 역할은 참석자들이 스스로 진리를 발견하도록 돕는 일임을 알게 되었습니다. 적절한 질문을 던지기만 하면 스스로 결론을 이끌어 낼 수 있는 것을 구태여 설명하려고 들 필요가 없습니다. 질문으로도 할 수 있는 것을 설명하려 들지 마십시오. 오히려 잠시 멈추고 참석자들 스스로가 결론을 이끌어 내도록 적절한 질문을 생각해 보는 것이 좋습니다.

예수님의 예에서 또 하나 주목해야 할 것은 질문하신 어투입니다. 예수님께서는 무엇을 질문할까에 못지않게 어떻게 질문할까도 중요시하셨습니다. 다음 사항은 질문하는 데 도움이 될 것입니다.

폐쇄형 질문을 피할 것

폐쇄적으로 끝나는 질문은 "예", "아니요"만으로 끝나기 때문에 대화를 계속할 여지를 없애 버립니다. 반면에 개방형 질문은 의견이라든가 더 깊은 생각을 이끌어 냅니다.

폐쇄형 질문

- "예수님께서는 우리를 구원하시려고 십자가에서 죽으셨습니까?"
- "예수님께서는 우리의 삶에서 주인이 되셔야 한다고 생각하십니까?"

개방형 질문

- "왜 예수님께서는 십자가에서 죽으셨다고 생각하십니까?"
- "왜 예수님께서는 우리의 삶에서 주인이 되셔야 한다고 생각하십니까?"

"할 수 있는가, 해야 하는가" 등으로 끝나는 질문은 폐쇄형 질문이 되기 쉽습니다. "왜, 무엇, 어떻게" 등의 의문사로 시작되는 질문은 대개 개방형 질문이 됩니다.

폐쇄형 질문

- "이것이 이루어질 수 있을까요?"

개방형 질문

❖ "이것이 어떻게 이루어질 수 있을까요?"

여유 있게 대답을 기다릴 것

기다린다는 것은 참으로 흥미와 관심을 가지고 있음을 나타냅니다. 상대방에게 생각할 여유를 주도록 하십시오. 질문을 다시 설명해 주어도 좋습니다. 또한 다시 생각한 것들에도 주의를 기울이십시오. 사람들은 먼저 견해를 발표하고 난 후에 같은 문제에 대하여 더 깊이 생각해 보거나 그 견해를 명확히 하고자 하는 때가 종종 있습니다. 말해 버린 사실에 대하여 다시 생각해 본다는 것은 보통 있는 일입니다. 이 사실을 알고 있다면 더 많은 의견을 듣기 위한 질문을 던지게 될 것입니다.

❖ "그 일에 대하여 더 생각나는 것이 있습니까?"

❖ "덧붙이실 말씀이 있습니까?"

경청할 것

사람을 바르게 쳐다보도록 하십시오. 그의 반응이 시원찮을 것 같다고 해서 눈길을 돌리지 마십시오. 사람들이 하는 말을 귀담아듣고 다른 질문을 만드는 데 활용하십시오. 이런 이야기가 있습니다. 케네디 대통령은 상대방으로 하여금 '이 사람은 자기가 질문한 것에 대해 내가 어떻게 대답할지 특별한 관심을 가지고 듣고 있구나'라고 생각하게끔 만들었다고 합니다. 그렇게 함으로써 상대방은 케네디가 그의 말에 모든 주의를 기울이고 있는 것으로 생각했다고 합니다.

사실뿐만 아니라 느낌을 다루는 질문도 활용할 것

'사실'은 그가 알고 있는 것을 말해 주며, '느낌'은 그가 그 사실에 대하여 실제로 어떻게 느끼고 있는가를 말해 주는 것입니다. 사실 자체를 기억한다고 해서 그가 거기에 담겨 있는 원리를 다 이해했다는 보장은 없습니다.

사실 질문

- "예수님께서 강조하신 두 가지 일은 무엇입니까?"
- "예수님께서 다루셨던 문제의 핵심은 무엇입니까?"
- "사람들을 그리스도께로 인도하는 데에는 어떤 단계가 있습니까?"

느낌 질문

- "예수님께서 왜 그 두 가지 일을 강조하셨을까요?"

❖ "사람들은 예수님께서 다루신 문제의 핵심에 대하여 어떤 반응을 보였습니까?"
❖ "사람들을 그리스도께로 인도하기 위하여 이러한 단계를 어떻게 활용할 수 있겠습니까?"

사람들은 특정한 문제에 대하여 어떻게 느끼고 있는가를 말로 표현하는 것을 배워 나감에 따라 내적인 확신이 생기게 됩니다. 이런 질문에 활용되는 몇 단어를 들면, '느끼다, 생각하다, 의미하다, 응답하다, 반응을 나타내다' 등이 있습니다.

❖ "그것에 대하여 어떻게 생각하십니까?"
❖ "그것에 대하여 어떻게 느끼십니까?"

경우에 따라서는 사실과 느낌을 묻는 질문을 합쳐서 할 수도 있습니다.

- "그의 가장 큰 장점은 무엇이라고 생각합니까?"
- "왜 그것을 사실이라고 느낍니까?"

사람들의 진정한 관심을 다룰 것

사람들의 진정한 관심에 제일 가까운 질문이 가장 훌륭한 답변을 이끌어 냅니다. 상대방의 관심사를 알아내는 방법을 배우십시오. 그가 무엇에 대하여 말하고 싶어 하는가뿐 아니라 그것을 어떻게 말하고 싶어 하는가도 알아내도록 하십시오. 그들의 답변으로부터 당신의 다음번 질문을 만들 수 있는 요소를 뽑아내도록 하십시오. 그들에게 이야기를 할 수 있도록 해 주고, 그들이 사용하는 단어를 당신도 사용하도록 하십시오. 그러한 말은 그들의 관심사를 나타내 주며, 사람들은 자신의 관심 사항이나 생각이 대화의 소재가 될 때 고맙게 여깁니다.

질문으로 질문에 답할 것

사람들은 흔히 그들이 생각하고 있는 바를 당신에게 말해 주고 싶을 때 질문을 먼저 하기도 합니다. "○○님은 …라고 생각지 않으십니까?" 또는 "…라고 생각하십니까?" 등이 바로 이런 예입니다. 때가 이른 대답을 피하는 한 가지 좋은 방법은

“다른 분들은 어떻게 생각하시죠?”라고 되물어 보는 것입니다. 이렇게 함으로써 그들이 정말로 바라는 것, 즉 자신들의 견해를 발표할 기회를 얻게 됩니다.

때로는 사람들이 당신을 몰아세워 변명하게끔 만들려고 하기도 할 것입니다. 그 이유는 그들이 당신의 견해에 반대하고 있다는 것을 보여 주고 당신을 공격함으로써 곤란하게 하려는 데 있습니다. 이를테면 그들은 “○○님은 성경이 하나님의 감동으로 되었다고 생각하십니까?”와 같은 질문으로 시작할 것입니다. 이럴 때 “여러분은 어떻게 생각하십니까?”라고 응답할 수 있습니다. 그러면 멤버들이 자신의 생각을 말할 것이고, 자연스럽게 당신이 먼저 대답할 필요가 없게 됩니다.

직접적인 질문과 간접적인 질문을 하는 시기와 방법을 배울 것

직접적인 질문은 한 사람에게 공개적으로 자신의 입장과 견해를 밝히도록 하며, 간접적인 질문은 때로 제삼자적이며 객관적이 되게 합니다. 사람들과의 관계에서 직접적인 질문을 지나치게 일찍 사용하지 않도록 주의하십시오. 그렇지 않으면 그들의 감정을 상하게 할 수가 있습니다. 그들의 신뢰를 얻는 것이 우선이라는 점을 명심하십시오.

직접 질문

- "○○님은 어떻게 생각하시죠?"
- "여러분은 그리스도인입니까?"
- "예수님께서는 여러분의 삶에서 주인이 되십니까?"

이런 것은 곧바로 정곡을 찌르는 사적인 질문입니다. 이런 질문을 너무 빨리, 너무 자주 사용하면 문제를 일으킬 수 있습니다.

간접 질문

- "성경은 이에 대하여 무엇이라 말하고 있습니까?"
- "참다운 그리스도인이란 어떤 사람입니까?"
- "예수님께서 어떤 사람의 삶에서 주인이 되신다는 것을 어떻게 알 수 있습니까?"

이런 것은 누구에게나 할 수 있는, 일반적인 질문입니다. 이런 질문은 전도할 때나 성경 토의를 인도할 때 사용하기 좋은 질문입니다.

답이 뻔한 질문을 피할 것

질문 가운데 답을 지나치게 암시해 주지 마십시오. 답을 잘 찾을 수 있는 방향으로 인도하고 유도하되 그들을 답으로 억지로 끌어오려고 하지 마십시오. 웅변적 질문이 이런 부류에 속하며 답을 할 필요조차 없게 만듭니다. 그 답이 너무도 뻔하기 때문입니다.

뻔한 질문

- "예수님께서는 우리를 위해 십자가에서 죽으셨습니다. 그렇지 않습니까?"
- "전도의 목적은 구원받지 못한 자들에게 복음을 전파하는 것입니다. 그렇지 않습니까?"

좋은 질문

- "그리스도께서 죽으신 가장 큰 목적은 무엇이라 생각하십니까?"
- "전도의 목적은 무엇이라고 생각하십니까?"

특정 사항에 초점을 맞춘 질문을 할 것

사람의 마음을 한두 가지의 중요한 생각에 결집시키거나 집중시킬 수 있는 단어나 어구를 사용하십시오. '열쇠가 되는 것', '중요점', '가장 중요한 것' 또는 '최고 강조점' 등과 같은 어구를 사용하십시오.

뻔한 질문

- "성경공부는 어땠어요?"

좋은 질문

- "그룹 토의에서 제일 재미있었던 것은 무엇이었나요?"

질문하는 데 있어서 진짜 열쇠가 되는 것은 사람들에 대한 당신의 진정한 관심과 흥미입니다. 질문에 대해 사람들이 답하게 될 내용에 진지한 관심과 큰 열의를 보이는 것이 중요합니다. 그 같은 관심과 열의가 없이는 열띤 대화가 이루어질 수 없습니다. 진정으로 다른 사람들의 생각을 들으려고 할 때에 진실한 대화가 이루어집니다. 다른 사람의 감정과 생각에 진정한 관심을 가지고 있을 때 올바른 질문을 할 수 있게 됩니다.

창의성을 위한 보조 자료 활용하기

그룹을 인도해 나갈 때 다양한 방법으로 접근하면 토의의 묘미가 한층 더할 것입니다. 성경의 진리를 창의적인 방법으로 보여 주면 흥미를 끌게 되고 토의를 자극하기 때문에 공부의 효과가 높아집니다. 창의적인 인도자가 되는 한 방법은 시청각 교재를 사용하는 것입니다. 시청각 교재를 사용하면 학습 능력이 높아지고 학습한 내용을 오래 간직할 수 있게 됩니다.

어떻게 하면 진리를 창의적으로 설명할 수 있을까요? 주위에 널려 있는 흔한 물건도 적절히 사용하기만 한다면 훌륭한 학습 도구가 됩니다. 다른 도구를 만들어도 좋습니다. 어떤 점을 설명하기 위하여 일상 용품을 창의적으로 사용하는 몇 가지 예를 들어 보겠습니다.

보조 자료의 예

- **성경 지도**는 사도행전을 공부할 때 바울의 전도 여행을 시각적으로 이해하는 데 도움이 됩니다.
- **말의 재갈**을 그룹 앞에 두고 그것이 혀를 제어하는 것과 어떤 연관이 있는지 함께 나누어 보면 야고보서 3장의 원리를 이해하는 데 도움이 됩니다.
- **인체의 모형 또는 그림**은 그리스도의 몸 된 교회의 역할에 대해 토의할 때에 활기를 띠게 해 줍니다.
- **그림책이나 만화** 가운데서도 종종 성경의 원리를 발견할 수 있을 뿐만 아니라 동시에 유머까지도 얻을 수 있습니다.
- **물병에 물감**을 한 방울 떨어뜨리고서는 복음이 세계에 전파되어 나가는 것을 설명할 수 있습니다.

성경에는 많은 비유가 쓰입니다. 사람은 소금, 등불, 양, 군사 등으로, 예수님은 문, 빛, 목자, 떡 등으로 비유됩니다. 그러므로 이들 중 어느 것을 사용하거나, 그 그림을 사용함으로써 토의에 활력을 더할 수 있습니다.

화보나 포스터, 인형, 모형, 슬라이드 또는 동영상 등도 활용할 수 있습니다. 많은 기독교 기관과 교회에서 만든 파일도 토의의 좋은 자료로 활용할 수 있을 것입니다.

아이디어는 도서관에서나 교회 용품 백화점이나 서점에서도 찾을 수 있습니다. 출판업자나 제작자들에게 시청각 교재의 목록을 부탁해도 좋을 것입니다. 카탈로그, 슬라이드, 그림, 동영상 자료 등의 목록을 요청해 보십시오. 학교 선생님들에게나 친구들에게 아이디어를 부탁할 수도 있을 것입니다. 교사들에게는 일반적으로 지식 전달 방법에 대한 좋은 아이디어가 많습니다.

보조 자료를 개발하고 사용할 때는 단순 명료해야 합니다. 요점이 분명하면서 명확한 연관성이 있어야 합니다. 활용 자료는 그룹에 맞는 것이 되어야 한다는 사실을 명심하십시오.

보조 자료는 토의 중 어느 때나 사용할 수 있지만 많은 경우에 도입부와 결론부 혹은 그중 한 부분에 사용하는 것이 좋을 것입니다. 이런 것들은 토의에서 매우 중요한 사항이며, 또한 시청각 교재는 흥미를 끌며 특정한 진리를 강조해 줍니다. 그렇다 하더라도 생뚱맞은 것을 잔뜩 사용하기보다는 두세 가지 의미 있는 자료를 사용하는 편이 더 좋습니다.

대화식으로 기도하기

효과적으로 토의 그룹을 인도하기 위해 함께 기도하는 것이 꼭 필요합니다. 성경에서 발견한 것과 말씀을 삶에 적용하기로 한 것을 서로 나눈 후에는 찬양, 간구 및 감사하는 시간을 가지면 좋습니다. 대화식 기도는 멤버들이 함께 기도하는 것을 배우는 데 도움을 주는 간단한 기도 방법입니다. 각 사람은 서로 친밀한 그룹 멤버로서 기도하는 것을 배우게 됩니다. 모두가 주님과 사람 앞에서 서로 솔직하게 마음을 열어 생각하고 느낀 것을 기도로 아룁니다.

인도자로서 당신이 먼저 자신의 관심을 나누는 기도로부터 시작하면 좋습니다. "우리가" "우리에게(를)" "그들이"라는 말 대신에 "내가" "나에게(를)" "나의"를 사용하십시오. 당신이 기도를 독점하지 않도록 길어야 한두 문장 정도로 하는 것이 좋습니다. 그렇게 하면 그다음 사람도 당신의 본을 따르게 될 것입니다. 멤버들이 자원해서 기도하도록 해야 합니다. 돌아가면서 차례대로 하게 함으로써 억지로 하게 해서는 안 됩니다.

이러한 대화식 기도는 한 주제가 끝날 때까지 그룹 내에서 이리저리 돌아가면서 계속 할 수 있습니다. 그러고 나서는 다른 주제로 넘어갑니다.

다른 사람 앞에서는 도저히 큰 소리로 기도하지 못하던 사람이라도 이 대화식 기도에는 곧 자연스럽게 참여할 수 있게 될 것입니다. 이런 유형의 기도는 정형적인 용어나 판에 박힌 말투가 없어서 매우 자연스럽습니다. 처음에는 "아멘"이나 "저도요, 주님" 정도밖에 못하던 사람도 오래지 않아 열정적으로 이 그룹 기도에 참여하며 즐거워하게 될 것입니다.

대화식 기도를 위한 다음 몇 가지의 간단한 지침을 명심하십시오.

- 모두가 여러 번 기도할 기회를 갖게 되도록 짤막하게 기도하라.
- 기도하는 내용을 모두가 들을 수 있도록 기도하라.
- 모두가 같은 주제에 대하여 기도할 수 있도록 주제별로 기도하라.
- 모두가 특정한 기도 내용에 집중할 수 있도록 구체적으로 기도하라.

여러분의 그룹 기도에 대해 하나님의 응답이 오면 꼭 감사하도록 하십시오. 멤버들은 구체적인 기도에 구체적인 응답을 받을 때 큰 격려를 받게 될 것입니다.

> "진실로 다시 너희에게 이르노니 너희 중에 두 사람이 땅에서 합심하여 무엇이든지 구하면 하늘에 계신 내 아버지께서 저희를 위하여 이루게 하시리라. 두세 사람이 내 이름으로 모인 곳에는 나도 그들 중에 있느니라." (마태복음 18:19-20)

다양한 접근 방법을 시도하기

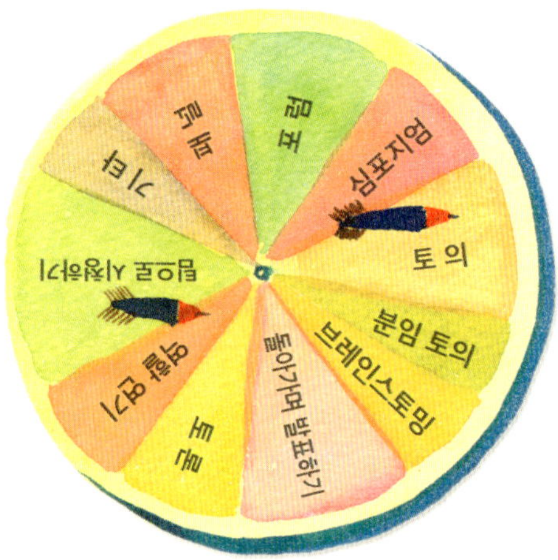

성경공부가 지루해지지 않으려면 끊임없이 다양한 방법을 시도해야 합니다. 그러나 진정한 창의성이란 모두 기본 원칙에 기초를 둔 것임을 잊지 마십시오. 토의를 인도할 때 주제를 토의하는 방식은 여러 가지를 사용할 수 있지만, 관찰이나, 해석, 상호 연관 및 적용 질문을 위주로 그것들을 사용해야 합니다. 탁월한 기독교 교육학자인 하워드 헨드릭스 박사는 그룹 모임에 채택해서 사용할 수 있는 10가지 접근 방식을 제시합니다. 이것을 자기 나름대로의 기술을 개발하는 출발점으로 삼으십시오.

토 의

정의. 어떤 문제를 해결하기 위한 합동 탐색. 이는 종종 계획이나 목표가 없는 단순한 담화가 될 때도 있습니다. 또는 그 안에서 문제가 해결되고 결정이 내려지고 뭔가 배우게 되는 창조적인 상호 작용이 될 수도 있습니다.

세부 사항. 다음 경우에 토의가 성립됩니다. 그룹에서 정보가 필요할 때, 그룹에 의해서 결정이 내려져야 할 때, 그룹 내에 긴장이나 동요가 있을 때, 그룹에게 정보가 주어졌을 때, 인도자는 시작해서, 안내하고, 고무하고, 조정하고, 요약을 합니다. 토의는 '독립적으로 함께 생각하는 기술'이라고 일컬어져 왔습니다. 그것은 발표, 상호 작용 및 분석과 종합을 고려한다는 말입니다. 여기에서 아이디어가 발굴됩니다. 무지와 편견은 힘을 잃게 됩니다. 속에 있는 것을 나눌 때 마음을 완전히 닫고 있을 수가 없기 때문입니다.

분임 토의

정의. 최소의 조직으로 최대의 참여를 꾀하는 소규모의 비형식적인 그룹.

세부 사항. 그룹을 2-6명씩 소그룹으로 나눕니다. 각 소그룹은 인도자 1명과 서기 1명을 정합니다. 한 주제가 주어지면 소그룹들은 정해진 시간 동안 주제에 대해 토의합니다. 그런 다음 모여서 생각과 결론을 나눕니다. 분임 토의는 6-8분 정도의 짧은 시간 내에 토의를 마쳐야 하며, 주제는 구체적이어야 합니다. 이 방법은 멤버들 간의 상호 작용을 용이하게 하며 문제의 분석과 해결을 촉진하여 줍니다. 자유롭게 토의했을 때만큼 문제를 올바르게 해결할 수 있는 경우는 없는 것 같습니다.

브레인스토밍

정의. 창의적인 아이디어를 많이 얻어 내기 위한 과정.

세부 사항. 그룹에 문제가 하나 주어집니다. 각 멤버에게는 그 문제에 주의를 기울여서 마음에 떠오르는 아이디어는 무엇이든 자유롭게 나누도록 부탁합니다. 비판은 창의력을 억눌러 버리므로 아이디어에 대한 평가나 판단은 당분간 보류합니다. 그룹에게는 할 수 있는 데까지 많은 아이디어를 생각해 내도록 요청하며, 시간을 충분히 줍니다. 아이디어는 일단 기록해 두었다가 그 후에 평가합니다. 브레인스토밍하는 동안에는 판단을 보류합니다. 판단은 상상을 방해하기 때문입니다. 양이 질을 낳기도 하기 때문에 마음대로 자유롭게 생각하도록 권장합니다. 좋은 아이디어를 더 좋은 아이디어로 바꾸기 위해 '덧붙이기' 방법도 활용합니다. 브레인스토밍은 근본적으로 '창의적인 협력'입니다. 그것은 그룹의 노력뿐만 아니라 개인적인 노력이 될 수도 있습니다.

돌아가며 발표하기

정의. 그룹의 각 멤버의 의견과 아이디어를 수집하는 과정.

세부 사항. 주어진 주제에 대하여 어느 한 사람부터 시작해서 돌아가면서 자유롭게 의견을 발표하도록 요청합니다.

토 론

정의. 반대되는 문제의 제기, 논박 및 변론.

세부 사항. '토의'가 새로운 통찰력을 구하는 것이라면 '토론'은 어떤 점을 증명하려는 것입니다. 토론은 격식을 갖추어야 합니다. 격식을 차리지 않을 때는 말다툼이 되기 쉽습니다. 주장하는 측에서 명제를 제시하면 반대 측에서 반박합니다. 반대 측의 반론이 끝나면 주장하는 측이 다시 변론을 폅니다. 전체 절차는 사회자의 인도하에서 진행됩니다.

역할 연기

정의. 특정한 상황을 설정해서 자연스럽게 그 상황 가운데 있는 특정인의 역할을 연기하는 것.

세부 사항. 문제가 제기되면 그 문제를 나타내기 위한 장면이 설정됩니다. 역할을 정하고 이 역할을 담당할 배역을 뽑습니다. 배역이 연기를 준비할 동안에 그룹 멤버들은 관찰할 준비를 합니다. 해당 장면을 자연스럽게 공연하고, 공연 목표가 달성되면 끝냅니다. 그러고 나서 그룹 토의에서 평가와 분석을 하게 됩니다. 필요하다면 그 장면을 재연해도 됩니다. 장면은 3분에서 6분 정도로 짧아야 합니다. 이러한 기법은 사람들에게 여러 관점에서 생각할 수 있도록 도와주고, '다른 사람의 입장'에 서 보게 해 줍니다. 이는 사람들의 생각과 반응에 대한 통찰력을 얻는 데 도움을 주기도 하고, 구체적인 상황에서 할 말과 하지 말아야 할 말을 가르치는 데 도움을 주기도 합니다.

팀으로 시청하기

그룹을 둘 혹은 그 이상의 팀으로 나눕니다. 그다음에 팀별로 강의나 역할 연기 또는 영화 등을 시청하도록 합니다. 이 일이 끝나면 팀별로 모여서 기록한 것을 비교하고, 관찰한 내용을 정리합니다. 그러고 나서 그룹이 전체적으로 그 결과를 나누고 토의합니다. 이 방법은 주의력과 분별력을 높여 주며, 사람들에게 이해력 있고도 건설적으로 보고 듣도록 도전을 줍니다.

패 널

초청된 대표자들이 현안 문제를 사회자의 인도하에 형식을 차리지 않고 토의합니다. 아이디어를 주고받으며, 다양한 의견을 토의하는 가운데 문제를 해결합니다. 청중이 참여할 수도 있습니다.

포 럼

사회자의 인도하에 청중이 자유롭게 질문을 하면 그룹 앞에 나와 있는 답변 인사들에게 그 질문이 돌아가며, 다양한 의견 교환과 토의가 이루어집니다.

심포지엄

몇 연사가 청중에게 간략하게 주제 발표를 하고 난 후, 사회자의 인도하에 연사들끼리 토론합니다. 종종 청중의 질문과 논평이 허용되기도 합니다. 포럼보다 좀 더 학술적이고 공식적입니다.

이 여러 가지 유형의 그룹 활동은 몇 주간 성경공부를 해 나가는 동안 함께 모이는 과정에서 활용할 수 있는 것을 예로 든 것입니다. 한 가지 기억해 두어야 할 중요한 지침은 토의 시간 안에 정해진 목표를 전달하기에 가장 적합한 방법을 사용해야 한다는 점입니다. 목표가 방법을 결정하도록 하고 그 반대가 되지 않도록 주의하십시오. 방법은 그 자체가 목적이 되어서는 안 되며, 사람들이 말씀을 파고들어 자신의 결론을 찾고 이를 통해 서로 영향을 주도록 돕는 데 이용되어야 합니다. 방법은 다만 토의 그룹 목표와 연관하여 그 목표에 효과적으로 도달하는 데 도움이 될 경우에만 유용합니다.

각 사람의 역할

헨드릭스 박사는 "그룹의 각 멤버는 성숙한 참가자가 될 권리와 의무가 있다. 이 일을 이루기 위하여 자기 자신과 다른 사람들과의 관계를 끊임없이 평가하여 효과적인 구성원이 되는 일에 힘을 기울여야 한다"라고 말합니다.

헨드릭스 박사가 다음 자료에서 재미있고 유익하게 설명했듯이 그룹이라는 상황 가운데서 사람들이 일반적으로 담당하는 역할을 살펴봅시다. 이는 당신의 그룹 멤버를 이해하고 평가하는 데 도움이 될 것입니다.

미숙한 사람

구경꾼 말없이 구경꾼이 되는 것으로 만족한다. 고개나 끄덕여 주고 미소를 지어 보이거나 눈살을 찌푸리기도 한다. 승무원이라기보다는 승객에 가깝다.

독점자 수다쟁이. 능숙한 구변으로 대화 시간에 자기 혼자 마구 떠벌린다. 생각하는 바를 말할 권리가 있음을 끈질기게 고집한다. 때로는 깊이 생각해 보지도 않고 말한다.

흠잡이 이 사람은 우울 씨다. 비관적인 견해를 갖고 있으며, 다른 의견의 기여도를 최저 수준으로 얕잡아 본다. "이건 결코 안 돼"에 대한 세 가지 정도의 이유를 늘 가지고 있다.

익살꾼 명랑 씨. 그는 유머로 봉사할 소명을 받았다고 생각한다. 재미있게 말을 하는 데 자기의 시간과 재능을 사용한다. 당면 문제에는 관심이 없고 재치 있는 말을 할 채비를 항상 갖추고 있다.

조작자 꿍꿍이 씨는 틀림없이 문제에 대한 올바른 접근 방법을 알고 있다. 그는 자기 계획이 채택될 수 있도록 그 절차를 교묘히 조작한다.

편승자 평생 독창적인 생각이라곤 해 본 적이 없다. 자기를 헌신하기를 꺼린다. 결정이 굳어질 때까지 길가에 앉아 있다가 우세한 편에 편승한다.

변명가 만성적인 강박 관념으로 고통받고 있다. 항상 어떤 주장이나 특정한 행동을 변명한다. 자주 이러한 짐을 나누어 져야 한다고 느낀다. 편협한 사람이다.

실쭉이 목적을 가지고 태어나긴 했지만 퇴짜 맞은 기분으로 산다. 그룹이 자신의 가치 있는 기여를 받아들이려 하지 않는다고 부루퉁해 있다.

성숙한 사람

제안자 아이디어와 행동을 제안한다. 일을 지속시킨다.

격려자 다른 사람들을 토의에 끌어들인다. 다른 사람들이 기여하도록 격려하고 그들의 제안과 논평의 가치를 강조한다. 다른 사람들을 인정하고 알아줌으로써 그들이 더 크게 활동하도록 북돋아 준다.

명시자 혼란과 혼돈 및 알력이 있을 때 기여할 재주가 있는 사람이다. 그는 문제를 간결하게 정의 내리고 문제점을 명쾌하게 지적해 낸다.

분석가 문제점을 엄밀하게 조사하고 여러 제안을 주의 깊게 검토한다. 먼저 '철저히 따져 보지' 않고는 어느 것도 받아들이지 않는다.

탐구자 항상 새롭고 색다른 영역으로 옮겨 다닌다. 철저하게 파헤치면서 뻔한 것이나 관습적인 것으로는 결코 만족하지 못한다.

중재자 멤버들 간에 의견의 일치나 조화를 촉진한다. 특별히 서로 대립되는 이야기를 많이 하는 사람들을 중재하여 모두가 받아들일 수 있는 해결책을 강구한다.

종합자 조각들을 짜 맞추는 능력이 있다. 해결책이나 계획의 각기 다른 부분을 끌어모아서 종합한다.

기획가 제안을 실행으로 옮길 방법과 수단을 마련해 놓고 있는 사람이다. 조직의 명수. 활동이라는 영역에서 활약한다.

위 자료를 사용하는 한 가지 방법은 이 단원을 토의 그룹에게 읽어 주고 그들로 그룹 내의 다양한 역할에 대하여 반응을 보이도록 하는 것입니다. 각자가 그룹 내에서의 자기 역할을 스스로 평가해 본 후, 다음 모임에서 공개적으로 그것을 토의하도록 해 보는 것도 좋을 것입니다. 이런 식의 평가는 그룹 멤버에게 자신의 진정한 모습을 알게 하는 데 도움이 됩니다. 이는 각 멤버에게 그룹 내의 다른 사람에 대한 올바른 인식을 심어 줍니다. 위의 표제를 익살스럽게 쓴 것은 각 멤버가 어떤 유형의 사람인지를 명확히 아는 데 도움을 주기 위함입니다.

긴장을 건설적으로 활용하기

대체로 토의할 때 사람들은 의견 충돌이나 긴장, 흥분 등을 피하려 합니다! 이런 갈등은 반대나 분쟁을 연상하기 때문에 인도자들은 이런 것을 멀리하려고 합니다. 오해나 엉뚱한 질문, 사소한 문제나 그릇된 교리 때문에 이런 문제가 발생되기도 하지만, 모든 불일치가 다 나쁘다거나 잘못되었다거나 비기독교적이라고 말할 수는 없습니다. 항상 서로 의견이 일치되는 가운데서만 토의가 진행되는 그룹이라면 생각이 없이 진행되는 그룹일 수도 있습니다.

의견의 불일치가 일어났을 때는 "이것은 중요한 것인가?" 또는 "이것은 흥미가 있는 것인가?"라고 자문해 보기 바랍니다. 그런 다음에 논쟁거리가 될 수 있는 그 주제를 토의하는 데 시간을 들일 만한 가치가 있겠는지 생각해 보기 바랍니다.

종종 한 가지 문제점이나 질문으로 긴장과 의견 충돌 또는 의견 차이가 일어날 때에 오히려 아주 유익한 토의가 이루어지기도 합니다. 이런 때에 인도자는 멤버들에게 최종적인 권위가 성경임을 두루 알려 줄 필요가 있습니다. 모든 의견 차이에서 최종적인 법정은 이성이나 전통이 아니라 하나님의 말씀입니다. 이러한 긴장된 시간은 그룹을 말씀 가운데로 인도하여 전통이나 이성보다 하나님의 말씀으로 문제를 해결하는 바람직한 기회를 창출하게 됩니다.

의견의 차이를 만들어서 솔직한 대답을 하게 하는 방법은 많이 있습니다. 특정한 질문에 대하여 각 멤버가 돌아가며 대답하게 한다든가, 토론을 벌이거나, 어떤 사람으로 하여금 어떤 논제에 대해서 일부러 반대 의견을 제시하게 함으로써 그룹을 말씀 가운데로 향하도록 이끄는 그런 종류의 불일치를 조성할 수도 있습니다.

때로는 질문을 하고 또 그 반대 질문을 하면 대립이 일어납니다.

- "성경 암송은 왜 필요합니까?"
- "성경 암송은 왜 필요하지 않습니까?"

어떤 때는 결정을 요구하는 문제가 대립을 일으키기도 합니다.

❖ "마음이 내키지 않을 때라도 옳은 일을 하는 것과, 올바른 동기와 느낌 또는 욕구가 생길 때까지 기다리는 것 중 어느 편이 더 낫습니까?"

또 때에 따라서는 논쟁의 여지가 있는 질문이 대립을 일으키기도 합니다.

❖ "하나님께서는 왜 고난을 허락하실까요?"

인도자가 주도권을 잡고 그룹을 해결 방향으로 이끌어 갈 때 답은 명료해집니다. 목표는 그룹으로 하여금 말씀으로 파고들어 가서, 다양한 의견 때문에 발생한 긴장에 대한 해결책을 그들 스스로 찾아내도록 하는 것입니다. 때로 말씀이 구체적인 해답을 주지 않고 여러 가지 견해를 취할 수 있는 여지를 준다는 것을 그룹이 알게 되는 것만으로 해결이 되기도 합니다. 인도자는 몇 가지 요약 질문이나 말씀에서 얻은 결론을 한 문장으로 요약할 준비가 되어 있어야 합니다. 그러면 그룹은 그 원리에 따라 다양하게 적용할 수 있게 됩니다.

악의와 분열과 다툼을 조장하는 유형의 긴장에 대해서는 디모데후서 2:23에서 경고하고 있습니다. "어리석고 무식한 변론을 버리라. 이에서 다툼이 나는 줄 앎이라." 디모데전서 1:5에는 다음과 같이 기록되어 있습니다. "경계의 목적은 청결한 마음과 선한 양심과 거짓이 없는 믿음으로 나는 사랑이거늘." 사랑을 목표로 하십시오! 그러나 건전한 그룹 긴장을 피하려고 하지 마십시오.

문제를 기회로 전환하기

어떤 토의도 문제나 장애물은 있게 마련입니다. 그러나 이런 문제나 장애물은 잘 조정하기만 하면 기회로 전환할 수 있습니다. 몇 가지 아이디어를 들어 보겠습니다.

말 많은 사람을 다루는 법

다른 사람에게 참여하도록 요청하는 것도 때로는 도움이 됩니다. "다른 분들은 어떻게 생각하십니까?" 이런 질문은 그룹의 특정 멤버에게 할 수도 있습니다. 어떤 상황에서는 당신이 토의를 주도해 나가면서 누구든지 발표하기 전에 손을 들어 표해 주도록 부탁해야 할 때도 있습니다. 그렇게 한 후 멤버를 차례로 호명하면 됩니다. 어떤 때는 '수다쟁이'와 개인적으로 이야기하여 그룹 전체의 필요를 설명해 줄 수도 있습니다. 그가 당신을 도와 다른 사람들을 토의에 참여할 수 있게 해 주십시오. 이렇게 하면 토의를 장악하려는 그의 문제가 해결될 뿐만 아니라, 그도 다른 사람들에 대하여 좀 더 민감하게 되는 효과가 있습니다.

원래 주제로 돌이키는 법

이 문제는 말로써 인정해 주면 대개 해결이 됩니다. “그것 참 재미있군요. 그런데 주제에서 좀 벗어났으니 주제에 관한 토의를 일단 끝내고 나서 그것을 좀 더 토의해 볼 수 있을 것 같군요.” 그렇지 않으면 생각을 자극하는 질문을 함으로써 원래의 내용이나 주제로 토의를 돌이킬 수 있습니다. 때로는 토의가 끝난 후에 원하는 사람들만 그에 대해 더 깊이 토의할 수 있게 질문이나 아이디어를 기록해 두도록 제안하는 것도 좋을 것입니다. 빗나간 주제에 대하여 당신이 보이는 태도가 매우 중요합니다.

틀린 문제를 처리하는 법

그의 대답이 틀렸다고는 말하지 마십시오. 같은 질문을 그룹 내의 다른 사람들에게 던져 보는 것이 좋습니다. 이를테면 “좋습니다. 다른 분들은 또 어떻게 생각하십니까?” 또는 “이 문제에 대하여 도움이 될 만한 다른 성경 말씀을 아는 분이 있습니까?” 혹은 “또 다른 분은 이 문제에 대하여 어떻게 말씀하시겠습니까?” 등이 무난합니다. 질문을 다시 해 주거나, 혹은 명확하게 해 주거나 생각을 더 해 보도록 다른 질문을 하는 것도 좋습니다. 틀린 대답 때문에 그가 체면을 잃거나 당황하는 일이 일어나지 않도록 하십시오.

침묵을 처리하는 법

이야기가 중단되는 것을 두려워하거나 침묵을 말로 채워 넣으려고 애쓰지 마십시오. 사람들에게 생각할 여유를 주면 토의가 진전됨에 따라 그들 스스로가 좋은 질문을 하게 될 것입니다. 기다리다 보면 그룹이 제기하는 훌륭한 생각들이 의외로 많다는 사실에 놀라게 될 것입니다. 이 같은 말없는 침묵의 시간이 어색하여 당황하거나 무슨 말이건 해야 한다고 생각하지 마십시오.

어려운 질문을 다루는 법

"모르겠습니다"라고 말하기를 두려워하지 마십시오. 답을 모르면서 아는 체하지 마십시오. 나중에 그 답을 찾아낼 수 있을 것입니다. 또는 다른 사람들에게 연구해 보도록 할 수도 있습니다. 그룹의 한 멤버가 좋은 답을 가지고 있을지도 모릅니다. '모르는 것이 없는 사람'으로 알려진다고 유익될 점이 별로 없습니다. 당신이 항상 답을 가지고 있다면 당신의 토의 그룹은 강의가 되어 버립니다.

할당된 분량을 다루는 법

토의에 할당된 전체를 고르게 다루기 위해서는 의도적으로 노력해야 합니다. 계속해서 세부적인 것에 빠져서 뒤로 처지게 되면 그룹의 사기가 가라앉을 수도 있습니다. 앞으로 나아가는 것이 성취감을 줍니다. 전체를 다 다루는 데 어려움이 있다면 너무 많은 자료를 다 다루려고 했는지도 모르니 일부를 생략해야 할지도 모릅니다.

무기력한 그룹에 불을 붙이는 법

일반적으로 그룹은 인도자의 태도에 따라 반응이 달라집니다. 열정을 주시도록 기도하십시오. 그룹의 멤버들이 조금이라도 열심을 내기 바란다면 인도자가 더욱 두드러지게 열심을 내야 합니다. 열심의 근원은 주님과 주님의 말씀에 대한 갈망과 주님의 제자로 헌신하고자 하는 마음입니다. 인도자는 이러한 점을 본으로 입증해 보여야 합니다. 인도자 자신이 신이 나지 않으면서 멤버에게 그것을 기대할 수는 없는 법입니다.

논쟁의 여지가 있는 주제를 다루는 법

솔직한 질문이나 신념을 억누르거나 묻어 버린다면 숨이 막

히는 일입니다. 듣기 좋은 말만 하거나 웃음으로 얼버무리거나 말만 번지르르한 기도가 특징인 토의는 자칫 비생산적인 공부가 될 수 있습니다. 그룹이 진지하게 진리를 찾고 있는데 논란거리가 될 수 있을 것 같다고 문제를 주변만 겉돌다가 피상적인 대답으로 얼버무리고자 하는 유혹이 있을 수 있습니다. 논쟁거리가 되는 주제를 다루는 최상의 방법은 하나님의 말씀은 무엇이라 말씀하는가를 알아보고 그 상황에 적용되는 성경의 원리와 명령에 판단을 맡기는 것입니다. 하나님의 말씀만이 최종적인 권위를 가지고 있습니다.

적용을 이끌어 내는 법

하나님께서 사람들에게 성경 말씀을 통해 말씀하실 때 그 말씀이 자신들에게 적용된다는 것을 깨닫게 하시기를 기대하십시오. 성령께서는 성경 말씀을 통해 우리의 생각과 삶에 영향을 미치십니다. 하나님의 말씀이 직접적이면 당신의 접근도 직접적이 되도록 하십시오. 인도자는 적용 질문을 통해서 멤버들에게 하나님의 말씀을 자신의 삶에 적용할 수 있도록 도와줄 수 있습니다. "이것은 우리 각자에게 어떤 의미를 줍니까?" 또는 "우리 각자가 오늘 이 진리와 관련하여 할 수 있는 것은 무엇입니까?" 당신 자신의 적용을 솔직하고 겸손하게 나누는 방법을 배우십시오. 당신이 먼저 마음을 열면 다른 사람도 마음을 열게 됩니다.

성원을 보여 주는 법

성원이란 그룹의 반응을 인정해 주는 것을 말합니다. 그룹의 반응에 대하여 "좋습니다", "옳은 말씀이죠" 등과 같은 말이나, 머리를 끄덕이는 것이나, 미소 또는 기타 세심한 동작을 통해 그들의 대답을 인정해 주고 있음을 보여 주십시오. 성원은 또한 예상되는 반응을 미리 지지할 수도 있습니다. 이를테면 "잠깐 생각해 봅시다. 여러분은 이것에 대답하실 수 있으리라 봅니다." 틀린 대답이 나왔을 경우라도 참여에 대해 성원을 보낼 수가 있습니다. "그건 생각이 참 깊은 대답이군요." 대개 인도자가 답변 자체에 대하여는 기뻐하면서도 그 기쁨을 외적으로 표현하지 않는 때가 너무도 많습니다. 틀에 박힌 한 가지 격려의 말만 지나치게 사용한다든지 어울리지 않는 격려나 가식적으로 보이는 열의 등은 성원이라는 목적을 이루지 못할 것입니다.

경청 능력을 향상하는 법

경청이란 다른 사람이 하는 말을 진정으로 듣는 태도를 말합니다. 이는 그들이 말하고 있는 것뿐만 아니라 말할 수 없는 것과 말하기를 꺼려하는 것까지도 듣는 것입니다. 이를 위해서는 그룹의 멤버에게 집중하고 주의를 기울여야 합니다. 어떤 멤버는 다른 사람이 말하고 있는 것보다 자신이 말하고 싶은 것을 더 생각하는 경향이 있습니다. 그는 자기 생각으로 가득 차 있습니다. 경청하는 면에서 이러한 잘못을 해결하기 위한 한 가지 방법은 각 멤버가 돌아가면서 앞 사람이 말한 내용을 요약하도록 하는 것입니다. 이렇게 하면 토의가 진행될 때 멤버들이 모든 대화에 집중하게 됩니다.

다른 사람을 인도자로 세워 주기

토의 그룹 인도자로서 당신은 더 나은 사역과 봉사를 위하여, 그룹 멤버의 필요와 원하는 바에 민감해야 합니다. 당신의 역할을 대신하거나 다른 그룹을 시작할 수 있는 사람을 훈련하기 시작하십시오.

보조 인도자가 될 만한 사람을 선택할 때에는 다음과 같은 일을 하고자 하는 사람을 찾아야 합니다.

보조 인도자의 선택

- 그룹을 위해서 당신과 함께 정기적으로 기도한다.
- 토의가 끝날 때마다 당신과 함께 주의 깊게 평가함으로써 더욱 효과적으로 당신이 그룹을 인도하도록 돕는다. 매 토의에서 어떤 일이 발생했는지, 또 왜 그런 일이 일어났으며 어떻게 개선할 것인지를 토의한다. 그는 인도자가 아니기에 질문하거나 바로잡거나 답변하는 데 부담감이 없어서, 그룹 내에서 일어나는 일을 좀 더 명확하게 파악할 수 있는 경우가 많다.
- 당신이 참석하지 못하게 되는 경우 책임감 있게 그룹을 인도할 수 있도록 스스로 인도하는 법을 배운다.
- 또 다른 그룹을 시작해서 인도할 준비가 되어 있다.

그룹이 시작된 이후에 다른 사람들이 그룹에 참여하고 싶어 할 경우에는 다음 두 가지 중에 어느 한 가지를 할 수 있습니다. 즉 현재의 그룹이 초기 단계라면 그 그룹에 참여시키거나 아니면 다른 그룹을 시작하는 것입니다.

그룹의 인원수가 늘어 가면 또 다른 그룹을 시작할 계획을 세우십시오. 토의 그룹으로서는 최대 6명이 가장 적당합니다. 당신이 세운 보조자는 지금까지 당신을 도와 왔고 또 그룹을 인도하는 법을 배워 왔기 때문에 그에게 새 그룹을 이끌도록 부탁할 수 있을 것입니다.

대체로 사람들은 그룹이 나누어지는 것을 바라지 않습니다. 뭐니 뭐니 해도 그들로서는 처음으로 다른 그리스도인들을 잘 알게 된 기회였을 수도 있습니다. 그러므로 그룹을 나누는 이유를 그들에게 알려 줄 필요가 있을 것입니다.

그룹이 너무 커지면 소그룹이 가졌던 모든 장점이 줄어듭니다. 교제가 덜 친숙해지고, 개인의 참여가 줄어들고, 준비하고자 하는 자극과 발표할 수 있는 기회가 적어지며, 분위기는 가까운 친구들의 그룹이라기보다는 위원회와 같이 되어 버립니다.

한편 소그룹은 다음과 같은 특징이 있습니다.

- 각각의 멤버가 소중하며 또 모두가 그 사실을 안다. 불참하면 그를 그리워하게 된다.
- 각 사람이 기여할 기회가 있다.
- 정기적인 공부를 지속하도록 격려를 받는다.
- 개인적인 적용이 더 잘 고무된다.
- 각자가 발표하는 일에 더 자유롭다.
- 모두가 다른 멤버들을 잘 알게 된다.

- 대부분의 가정이나 방에서 소그룹을 수용할 수 있다.
- 큰 그룹보다는 소그룹을 인도하면서 영적 지도력을 향상하길 바라는 사람이 더 많다.

새 인도자를 도와서 새로운 그룹이 만날 장소를 마련해 주고, 모든 멤버에게 새로운 계획과 언제부터 이러한 일을 할 것인지를 알려 주십시오. 새 인도자가 그의 책임을 감당하게 하십시오. 언제라도 그에게 충고와 격려를 해 줄 수 있어야 합니다.

당신과 당신의 첫 번째 보조자가 또 다른 사람을 선택하여 새로운 인도자로 세워 줌에 따라, 이제 당신은 계속해서 사람들을 예수 그리스도의 제자로 배가하는 과정을 밟아 나가고 있는 것입니다!

성경 공부 인도법

초판 1쇄 발행 : 1980년 4월 15일
4판 1쇄 발행 : 2024년 11월 15일

펴낸곳 : 네비게이토 출판사 ⓒ
주소 : 03784 서울시 서대문구 연희로 16 (창천동)
전화 : 334-3305(대표), 334-3037(주문), FAX : 334-3119
홈페이지 : http://navpress.co.kr
출판등록 : 제10-111호(1973년 3월 12일)
ISBN 978-89-375-0660-4 03230